BEGEER
HET
Profeteren

BEGEER
HET
Profeteren

HET ACTIVEREN VAN HET PROFETISCHE **DNA** IN U

DELON AARON

VOORWORD DOOR APOSTEL JAMES DUNCAN

WALTON
PUBLISHING HOUSE

Walton Publishing House
Houston, Texas
www.waltonpublishinghouse.com
Gedrukt in de Verenigde Staten van Amerika

Disclaimer: Het advies dat hierin wordt gevonden, is mogelijk niet geschikt voor elke individuele situatie. Dit werk wordt aangeschaft met de kennisgeving dat noch de auteur noch de uitgever verantwoordelijk wordt gehouden voor enige resultaten. De auteur noch de uitgever aanvaardt verantwoordelijkheid voor fouten, weglatingen of tegenstrijdige interpretaties van het onderwerp hierin. Eventueel waargenomen belediging van een individu of organisatie is een verkeerde interpretatie.

Merk- en productnamen die worden genoemd, zijn handelsmerken die uitsluitend toebehoren aan hun respectievelijke eigenaars. Tenzij anders aangegeven, zijn alle Schriftgedeelten geciteerd uit de King James Vertaling (KJV) van de Bijbel.

Bewerkt door: Omeyana Hamilton-Dummett en Jarienn A. James.
Omslagontwerp door: Exponential Innovations door Harrison Forde

Bibliotheekcatalogus van het Congres onder
ISBN: 978-1-953993-87-8

TOEWIJDING

Aan mijn biddende moeder Claire Aaron, die God gebruikte zoals Jezus' moeder Maria, die de tijd onderscheidde toen Hij Zijn eerste wonder verrichtte op een bruiloft toen Hij water in wijn veranderde. U voelde dat de tijd rijp was en leidde mij naar mijn eerste profetische ontmoeting waar een zalving in mij werd opgewekt, waarvan ik nooit wist dat er in mij zat, en sindsdien is de loop van mijn leven veranderd.

Ik draag dit boek ook op aan mijn levensgezel, mijn Rib, en mijn GOED Ding, Ilene Aaron. Dank je wel voor je aanhoudende liefde, het geloven in mij en het volharden in gebed, totdat de visie gestalte zou krijgen. Aan mijn zonen, Zachary en Zion, jullie zijn het middelpunt van mijn vreugde, de krachtbron, en de motivatie achter alles wat ik doe.

INHOUD

DANKWOORD

Ik geef de hoogste eer aan God, want met Hem is niets onmogelijk. Hij heeft opnieuw bewezen dat zodra Hij het uitgesproken heeft, het ook zal gebeuren, en zodra Hij iets besloten heeft, het ook zal plaatsvinden! Als het een heel dorp kost om een kind groot te brengen, ben ik het eens met Hillary Clinton dat het ook een heel dorp kost om een boek te schrijven. Ik ben voor eeuwig dankbaar aan de velen die hebben bijgedragen aan het scherpen en vormgeven van mijn profetische gave en aan het tot stand brengen van dit boek.

Een grote dank aan mijn dierbare familie voor jullie steun, kracht en gebed, in het bijzonder aan mijn wijze en scherpzinnige zus Allison, die mijn persoonlijke profetes en buitengewone persoonlijke assistent is geweest. Moge jij zegen op zegen ontvangen!

Ik ben gezegend met de beste vrienden in mijn leven die mijn bediening en gaven hebben omarmd met hun eindeloze steun en liefde. Dankjewel, Malika Stephens, Rosalita Singh, Thiadi Rodrigues, Alvina Basdeo-Mohamed, George Clifford, Kofi Stephens, Thandi Fortune, Donna Hamilton en Benjamin Hooper. Jullie zijn mijn grootste supporters en aanmoedigers geweest. Jullie zijn geweldig!

Een speciaal dankwoord aan mijn redacteuren Jarienn James en Omeyana Hamilton-Dummett, voor jullie ijver en redactionele scherpzinnigheid. Speciale dank aan dominee Joan Ward, u was genadevol om mijn onbewerkte manuscript na te lezen en hebt onschatbare inzichten en ideeën gedeeld.

Een grote dank aan mijn broer van een andere moeder, Harrison Forde. Ik eer de zalving die God op jouw leven heeft gelegd voor artistiek ontwerp en creativiteit en voor het produceren van het beste omslagontwerp dat ik me ooit had kunnen voorstellen.

Dank je wel, Dr. Walton en het team van Greatness Publishing, voor het zien van het potentie in dit manuscript en voor het uitgeven ervan.

Ik groet, eer en vier de geweldige mannen en vrouwen die God in de loop der jaren heeft gebruikt die in mijn leven hebben geïnvesteerd en gesproken, en mij hebben beïnvloed, geadviseerd en gecorrigeerd. Dank u Apostel Eulalee King-Bals, voor uw gehoorzaamheid aan de hemelse roeping om terug te keren naar uw vaderland en profetische stemmen op te roepen. U zag diepe bronnen in mij en bracht ze naar buiten. Moge God u rijkelijk belonen!

Dank aan Apostel James Duncan en Profetes Donna Duncan voor uw arbeid en jaren van het jaarlijks brengen van apostolische/profetische teams naar Guyana. Het was niet tevergeefs. De gezaaide zaden zijn nu tot een oogst gekomen. Moge een dubbel deel van Gods zegen voortdurend rusten op uw huishouden!

Dank aan ds. Dr. Deodat Singh voor uw wijsheid en begeleiding, gebeden, constante bevestiging en aanmoediging. Moge God u rijkelijk zegenen!

Dank aan Apostel Curnal Fahie, u bent mijn coach en sergeant-majoor geweest gedurende deze reis. Ik ben gezegend door uw genade en nederigheid, buitengewone wijsheid en aanmoediging. Moge de zegeningen van God uw leven overweldigen!

Dank je wel, Profetes Nurita Love, voor jouw onvermoeibare bijdrage aan de visie van de profetische beweging in Guyana en voor jouw aanmoediging om de visie op te schrijven en duidelijk te maken. Het zal zeker spreken. Vision Board Rocks!

Een grote dank aan het team van Christ Prophetic Academy (Guyana), inclusief Apostel Patrick Miggins, Apostel Rohan Parsan, Zr. Lily Persaud en anderen. Jullie bijdrage aan mijn groei en bediening is fenomenaal geweest.

Speciale dank aan Profetes Peggy Medas voor het zijn van een moderne Deborah in mijn leven. Jouw wijsheid en moederlijke raad hebben me enorm gezegend. Moge de hemel blijven openstaan boven jou!

Ik ben zo dankbaar voor het profetische gezelschap en de gebedsstrijders, inclusief Profetes Patricia Miggins, Daunne Dublin, Kendria Dalrymple, Kwayon Duncan, Darryl Sandiford, Tricia Campbell en anderen. Ik stel jullie liefde, steun en aanmoediging zeer op prijs. Moge jullie toenemen in profetisch vooruitzicht en inzicht!

Een miljoen dank aan allen die mij op hun gebedslijst hebben gehouden en mij hebben bedekt met gebed, inclusief Minister Claudette Austin, Profeet Calvin Abrams, Roy Bourne, Zr. Leila, Zr. Carol, Br. & Zr. Niamatali, Oswin en Jackie.

Ik geef een pluim aan al diegenen die ik heb bijgeschoold in het profetische en aan degenen die de profetische activatiesessies hebben bijgewoond. Jullie enthousiasme om te streven naar profetie heeft als inspiratie gediend voor dit boek.

Dank aan allen die mij hebben gesteund en hebben gezaaid in mijn leven en bediening. Moge God het boek der herinnering openen en aan u denken. Ik spreek een profetenbeloning uit over uw leven. Dank jullie allemaal!

VOORWOORD

Ik ken Profeet Delon Aaron al meer dan veertien jaar. Hij is een profeet van de hoogste integriteit, nederigheid en levendigheid. Toen God sprak tot Apostel Eulalee King-Bals en mij in het jaar 2000 om een profetisch-apostolische beweging te beginnen in Guyana, wisten we niet welke personen God in Guyana zou hebben opgericht voor nationale en internationale erkenning.

Profeet Delon Aaron is een profeet voor de naties. Hoewel fysiek jong, is hij profetisch volwassen en is hij in de loop der jaren uitgegroeid tot het hoofd van de profetische school die we in Guyana zijn begonnen. Daarom is zijn boek een samenstelling van zijn groei in wijsheid, kennis en ervaring in het profetische rijk. Hij deelt vanuit een wijs en praktisch standpunt hoe iemand geactiveerd kan worden in de profetische stroom van God. Als een van de ervaren leidende profetische stemmen in Guyana en het Caribisch gebied, heeft hij juwelen vastgelegd in dit boek die je niet zult vinden in veel profetische handleidingen.

Terwijl je dit boek leest, zul je beseffen dat de profetische stroom eenvoudig is en niet mystiek, en zolang je vervuld bent van de Heilige Geest, is het profetische in jou en kun je geactiveerd worden om te profeteren.

Ik sta versteld om de fenomenale groei en nauwkeurigheid in zijn leven te zien, zijn eenvoud, en hoe God hem diepgaand gebruikt om te dienen aan zowel de eenvoudigste individuen als degenen in de hoge echelons van de hiërarchie van de kerk, het bedrijfsleven, de politieke en sociale sfeer. Hij is een voorbeeld van hen over wie God sprak zoals Jeremia - "Voordat Ik u vormde in de buik, kende Ik u; en voordat gij uit de moederschoot voortkwaamt, heiligde Ik u; Ik stelde u aan tot een profeet voor de naties." Jeremia 1:5

De integriteit van Profeet Delon is onberispelijk, en hij belichaamt een van de hoekstenen van Christ Prophetic Academy wereldwijd - we profeteren niet voor geld. Terwijl je dit boek leest, zul je profeteren. Hij onthult manieren waarop God spreekt, manieren waarop je kunt aanvoelen wanneer God het woord openbaart, manieren waarop je de openbaring van het woord van de Heer kunt voelen en horen en hoe je het kunt verwoorden, ontraadselen en brengen met eenvoud en duidelijkheid.

Of je nu een intellectueel genie bent of niet intellectueel ingesteld maar een liefde en passie hebt om te profeteren, je zult het. Ik moedig je aan om dit boek te lezen, de principes erin te oefenen en het met zoveel mogelijk mensen te delen die je kent, want dit boek is als een schatkist. Je zult de schatten van het profetische ontdekken die je als beginner zullen aansporen om te profeteren en als een ervaren profeet, apostel, of profetische leerling schatten te ontvangen die je zullen aanmoedigen, uitdagen en laten groeien in profetische wijsheid en demonstratie.

Dit boek is een must voor mensen die geïnteresseerd zijn in het profetische en die er iets van weten, maar het is ook een hulpmiddel voor het onderwijzen, activeren en groeien in het profetische. We leven in de wereld die is geschapen door de stem van God, en Hij wil dat wij allemaal profeteren als gelovigen in de Heer Jezus Christus. Profeet Delon is een van degenen die God heeft opgewekt als een nauwkeurige profeet, leraar, en activator van Zijn profetische schatten, die in ons aarden vat liggen.

Dit boek zal enorm succes hebben, niet alleen nu maar ook in de toekomst, zelfs als referentie voor profetische/apostolische scholen. Ik zegen jullie allemaal terwijl jullie lezen, studeren, opereren met wat je leest, en het wijd verspreiden. Begeer het profeteren, en je zult. Gods zegen en shalom!

Apostel James Duncan
Christ Church International & Global Harvest Apostolic Prophetic Networks,
Brooklyn, NY
Auteur van PUSH - Profeteer Tot Er Iets Gebeurt

AANBEVELINGEN

We zijn enthousiast om dit geweldige en inzichtelijke boek aan te bevelen dat de lezer en student van het profetische een diepgaand fundament biedt om op te bouwen. Het opent het rijk van het profetische verder dan persoonlijke profetie.

Ik, Eulalee King Bals, had niet alleen het voorrecht om de gave en roeping van Delon Aaron te identificeren, maar ook om met hem te werken, hem te trainen en te begeleiden. Hij is een stem van de volgende generatie die spreekt vanuit Guyana naar de Naties.

Apostelen Gerhard Bals en Eulalee King Bals
International House of Apostolic Reformation
Letmathe / Duitsland

Delon Aaron is gepassioneerd over de bediening van de profeet en het profetische. Het feit dat hij dit boek heeft geschreven, getuigt van zijn vastberadenheid om het lichaam van Christus inzicht te doen krijgen in de bediening van de profeet en het wandelen in het profetische. Hij heeft een schat aan kennis en ervaring op dit gebied van bediening. Hij bezit het vermogen om te onderwijzen, over te dragen en te activeren met zulke eenvoud, maar toch zeer diepgaand.

Dit boek zal werkelijk een versnelling en explosie veroorzaken in vele levens en kerken.

Apostel Elsworth Williams
& Profetes Carmen Williams
Heavenly Light World Outreach Fellowship, Guyana

Profeet Delon Aaron is door God geroepen, gezalfd en draagt de mantel van het profetisch ambt. De stroom, genade en relevantie die hij brengt in de bediening is een getuigenis van een man die hoort van God en zijn wijsheid duidelijk en vastberaden presenteert.

De zalving die vloeide uit zijn pen door de pagina's van dit boek heen, is zowel fris als rijk. Zijn wetenschappelijke benadering biedt zowel overdracht als inspiratie. Dit boek zal je roeren, activeren, trainen en vrijzetten om God zelf te horen.

Een must-read boek voor onze generatie, met betrekking tot hoe je de profetische zalving kunt activeren en vrijzetten. Ik verzeker je dat zelfs als je geen gelovige bent in het profetische, je een gelovige zult worden tegen de tijd dat je dit boek hebt uitgelezen.

Ds. Dr. Deodat Singh
De Wesleyaanse Kerk, Guyana

Profeet Delon, zoals David, is een man naar Gods hart om Hem te eren en te behagen in alles wat hij doet. Zijn toewijding, discipline en gehoorzaamheid zijn een applaus waard. Zijn dienst in het ambt van de Profeet zou nagevolgd moeten worden. Vanwege dit boek zullen profeten die uit angst inactief zijn gebleven opstaan en de strijd aangaan met de vijand.

Elke oog en oor dat toegang krijgt tot dit boek zal reageren en gehoorzaam zijn om zijn mantel op te pakken en het hart van God voor deze tijd uit te spreken. God zal ervoor zorgen dat dit boek een katalysator wordt voor het Lichaam van Christus om zich uit te strekken naar het profeteren. Ik zie ernaar uit om de andere boeken te lezen die door deze auteur zullen worden geschreven.

Ds. Joan Ward
Prophetic Favour & Deliverance Ministires, Barbados
Auteur van SOAR - Geloof, je kunt je droom leven

Soms duurt het even om te herkennen dat iemand een bijzonder vermogen heeft om ons in onszelf te laten geloven, om dat geloof te verbinden met onze hoogste idealen en geloof in wat God zegt, en om je voor te stellen dat we samen grote dingen kunnen doen. In die zeldzame momenten, wanneer zo'n persoon langs komt, moeten we onze plannen opzij zetten en streven naar wat we weten dat mogelijk is. Caroline Kennedy

Profeet Delon Aaron is die persoon. Ik geef mijn volledige aanbeveling voor dit boek en Profeet Delon zelf. Dit boek is een geweldig instrument om in je arsenaal te hebben terwijl we ons bezighouden met deze voortdurende strijd van geestelijke strijdvoering.

Profetes Nurita De Sane-Love,
Senior Pastor Christ Church International Inc,
The Bronx, New York

INLEIDING

"Dus broeders en zusters, verlang ernaar om te profeteren, en belemmert het spreken in tongen niet."

1 Korintiërs 14:39

Er zijn te veel stemmen die verwarring veroorzaken in de wereld. Velen beweren namens God te spreken, maar ze zijn niet door God gemachtigd. In deze tijden van onzekerheid is het cruciaal dat de door God gemachtigde stemmen in elke natie opstaan, Zijn gedachte tot uiting brengen en duidelijke richting brengen.

Profeten brengen inzicht in zaken en kwesties, onthullen bestemmingen en geven hemelse raad. Het profetische geeft waarschuwingen en deelt de geheime gedachten van God die nodig zijn om het koninkrijk te bevorderen. God verlangt dat allen kunnen profeteren. Numeri 11:29 " Doch Mozes zeide tot hem: Wilt gij voor mij ijveren? och, ware het gehele volk des Heren profeten, doordat de Here zijn Geest op hen gave!"

Ik geloof dat je leven op het punt staat te veranderen terwijl God Zijn profetische natuur in jou activeert en vrijzet. Mijn gebed is dat terwijl je dit boek leest, je een frisse openbaring en ontmoeting zult hebben met de God van het profetische, zodat je kunt groeien in je relatie met Hem en een van Zijn gemachtigde stemmen op aarde kunt worden.

In het openingsvers in 1 Korinthiërs 14, moedigde Paulus ons aan met de woorden: *"Jaagt de liefde na en streeft naar de gaven des Geestes, doch vooral naar het profeteren."* 1 Korinthiërs 14:1. We merkten ook op in vers 3 waar Hij het doel van de profetie uitlegde als stichtend, vermanend en bemoedigend. *" Maar wie profeteert, spreekt voor de mensen stichtend, vermanend en bemoedigend.* "Vervolgens concludeert hij het hoofdstuk door ons aan te moedigen om "te begeren te profeteren."

Het woord "verlangen"(begeren is de juiste vertaling), afgeleid van het Griekse woord "Zeloo", betekent warme gevoelens hebben voor iets. Met andere woorden, het betekent vurig verlangen naar iets of een sterke wens hebben. De meeste keren dat we het woord "Begeren" in de Bijbel zien, worden we vermaand om het niet te doen. Het tiende gebod verbiedt ons te begeren wat van onze naaste is. Echter, van alle gaven die aan het lichaam van Christus zijn gegeven, drong Paulus er in 1 Korinthiërs 14 bij de gelovigen op aan om te begeren te profeteren.

Om effectief te kunnen dienen, moeten we dat verlangen om te profeteren cultiveren. Als we dat verlangen niet hebben, kunnen we gemakkelijk onze excuses rechtvaardigen om het gebruik van onze gaven te verwaarlozen. Maar wanneer we begeren te profeteren, wordt ons verlangen sterker dan onze excuses, wordt ons bediening vervuld en worden mensen gezegend. Daarom moedigde Paulus in

1 Timotheüs 4:14 aan dat Timotheüs *"de gave niet veronachtzamen die in u is, die u gegeven is door profetie."*

Profetie bouwt op - Opbouwen komt van het Griekse woord "okidome," wat bouwwerk betekent - een primair doel bij het uitoefenen van onze geestelijke gaven is het opbouwen van het lichaam van Christus. Wanneer we profeteren, bouwen we de gelovigen op in hun geloof en in de dingen van God. Ook al is profetie een van de meest gebruikte gaven, het is ook een van de meest verbruikte en misbruikte gaven. Velen zijn gekwetst en vernietigd in de naam van profetie, maar Gods bedoeling is dat de profetie opbouwt.

Profetie brengt aansporing met zich mee, wat gelovigen aanmoedigt en stimuleert in hun wandel met God en in de dingen van God die het Koninkrijk bevorderen. We worden aangespoord om trouw te zijn in dienstbaarheid en geven. We worden aangespoord om te aanbidden, te bidden en het woord van God te bestuderen.

Profetie troost ook de gelovigen. Gelovigen ervaren moeilijkheden, strijd, beproevingen en tests die niet alleen hun geloof uitdagen, maar ook ontmoediging en neerslachtigheid kunnen brengen. Wat een troost is het om een woord te ontvangen dat God geeft om ons te geven en dat Hij eraan werkt voor ons welzijn en dat ook dit voorbij zal gaan.

Dit boek is niet bedoeld om van jou een profeet te maken of je te leren hoe te profeteren, maar eerder om datgene wat al in jou is te activeren en te stimuleren. Niet iedereen is geroepen om profeet te zijn, maar iedereen kan profeteren. Moge je een overdracht ontvangen die je zal bekrachtigen en uitrusten om te spreken als iemand die de duidelijke richting en antwoorden zal brengen waar velen naar op zoek zijn terwijl je God toestaat jou te gebruiken. De kerk kijkt naar jou. De naties wachten op jou. De hele schepping zucht naar jou. De hemel is enthousiast over jou. God staat achter jou. Het is tijd om te profeteren!

Profeet naar Gods eigen hart

Door Delon Aaron

Ik heb jou geroepen, een profeet naar mijn eigen hart

Ik heb jou aangewezen, geheiligd en afgezonderd

Om een nobele taak te vervullen.

Terwijl je wandelt in het gewaad van een beroemd ambacht

Door de rijken van het bovennatuurlijke,

Zal ik mijn hart ontvouwen

Je zult profeteren, declareren, decreteren en overdragen

De gevoelens, intenties en gedachten van mijn hart.

Aan een volk, een natie en een lichaam dat ik heb gebaard

Sta op en Spreek als een orakel van waarheid

Want ik heb jou geroepen, een profeet naar mijn eigen hart.

HOOFDSTUK ÉÉN

De Profetische God

"En ik viel aan zijn voeten om hem te aanbidden. En hij zeide tot mij: Doe dat niet: ik ben mede dienstknecht van u en van uw broederen, die de getuigenis van Jezus hebben; aanbid God. Want het getuigenis van Jezus is de geest der profetie."

Openbaring 19:10

We dienen een God die Profetisch is. Hij kent het einde vanaf het begin. Hij is alziend en Alwetend. Hij leeft en opereert in het profetische rijk. Alles wat Hij doet is profetisch. Hij was profetisch aan het begin van de schepping. Hij zei, laat er zijn, en er was. Hij sprak en dingen kwamen tot stand. Hebreeën 11:3 verklaart dat *"...de wereld door het woord Gods tot stand gebracht is, zodat het zichtbare niet ontstaan is uit het waarneembare."* Niets gebeurt tenzij Zijn woord wordt uitgesproken. Psalm 33:6 *"Door het woord des HEREN zijn de hemelen gemaakt, en door de adem van zijn mond al hun heer."*

Dezelfde God heeft profetische kinderen voortgebracht. Het profetische zit in onze DNA. Hij vormde de mens uit het stof, blies in hem en hij werd een levende ziel. Toen Hij zag dat het niet goed was dat de mens alleen was, liet Hij hem slapen, nam een rib uit hem en maakte een vrouw. God gaf de mens vervolgens het profetische vermogen door hem heerschappij uit te laten oefenen bij het benoemen van de vrouw en de dieren. Adam werd autoriteit toevertrouwd dat wat hij ook maar noemde of benoemde, het ook zo zou zijn! David stelde de vraag in Psalm 8:4: *"Wat is de mens, dat Gij zijner gedenkt, en de zoon des mensen, dat Gij naar hem omziet?"* God vond het gepast om zulke gedachte over de mens te hebben, dat wat de mens aan plannen bedacht, het ook zo zou zijn als hij bedacht had.

God profeteerde tegen Abraham en vertelde hem op honderdjarige leeftijd dat hij een zoon zou hebben met zijn vrouw Sarah, die negentig jaar oud was. Sarah lachte toen ze het hoorde omdat ze al op leeftijd was en niet begreep dat Zijn woord niet vruchteloos tot Hem kan terugkeren en dat Hij ook waakt over Zijn woord om het te vervullen.

> *"En de Here bezocht Sara zoals Hij gezegd had, en de Here deed Sara zoals Hij gesproken had. En Sara werd zwanger en baarde Abraham een zoon in zijn ouderdom, op de vastgestelde tijd waarvan God tot hem gesproken had."*
>
> Genesis 21:1-2

De geboorte van Izak was de vervulling van het profetische woord door God tot Abraham gesproken.

Opnieuw, toen God Zijn Zoon wilde voortbrengen om de mensheid te verlossen, bracht Hij Hem voort op profetische wijze. Hij stuurde eerst een voorloper, Johannes de Doper, die werd geboren aan Elizabeth, een vrouw die de vruchtbare leeftijd al voorbij was. Toen de profetie bij haar man Zacharias kwam, twijfelde hij, en God maakte hem stom tot op dat moment. Bovendien verborg Elizabeth zich nadat de profetie was uitgekomen. Zij, die onvruchtbaar was en op leeftijd, was nu zwanger.

God verscheen vervolgens aan een jonge maagd genaamd Maria, die bovennatuurlijk bevrucht werd nadat de Heilige Geest over haar kwam. Ze baarde vervolgens Jezus, van wie geprofeteerd was dat Hij de Redder van de wereld zou zijn. *"...Zie, de maagd zal zwanger worden en een zoon baren, en gij zult hem de naam Immanuël geven."* Jesaja 7:14

> *"Maar toen de volheid des tijds gekomen was, zond God zijn Zoon, geboren uit een vrouw."*
>
> Galaten 4:4

Zo werd het Woord vlees, en we aanschouwden Zijn heerlijkheid.

In Lucas hoofdstuk 4 lezen we hoe Jezus naar de synagoge ging en het profetische woord van de profeet Jesaja voorlas: *"De Geest des Heren is op mij, omdat Hij mij gezalfd heeft, om aan armen het evangelie te brengen; en Hij heeft mij gezonden om aan gevangenen loslating te verkondigen en aan blinden het gezicht, om verbrokenen heen te zenden in vrijheid, om een genadejaar van de Heer uit te roepen."* Daarna sloot hij het boek en zei tegen hen: *"Heden is dit Schriftwoord voor uw oren vervuld."* Lucas 4:18-20

Nadat hij zijn opdracht op aarde had vervuld en riep, "Het is volbracht," vertelt Paulus ons in Efeziërs 4:8-13 *"...is hij opgevaren in de hoge en heeft gaven gegeven aan de mensen. En Hij heeft sommigen gegeven als apostelen, anderen als profeten, en anderen als evangelisten; en weer anderen als herders en leraars, om de heiligen toe te rusten tot dienstbetoon, tot opbouw van het lichaam van Christus, totdat wij allen de eenheid des geloofs en der volle kennis van de Zoon Gods bereikt hebben, de mannelijke rijpheid, de maat van de wasdom der volheid van Christus."*

Opnieuw, op de Pinksterdag in Handelingen hoofdstuk 2, toen er plotseling een geluid uit de hemel kwam en zij begonnen te spreken in andere talen zoals de Geest hun gaf uit te spreken en terwijl velen verbaasd waren en zich verwonderden, begonnen sommigen te spotten en zeiden dat ze dronken waren van wijn. Maar Petrus stond op en verklaarde: *"Dit is wat gesproken is door de profeet Joël."* De profeet Joël had geprofeteerd in Joël 2:28-29 *"En daarna zal het geschieden dat Ik Mijn Geest zal uitstorten op alle vlees: uw zonen en uw dochters zullen profeteren, uw ouderen zullen dromen dromen, uw jongemannen zullen visioenen zien. Ja, zelfs op de dienaren en op de dienaressen zal Ik in die dagen Mijn Geest uitstorten."*

God is profetisch, en Hij schiep de mensheid naar Zijn beeld en gelijkenis. Het is daarom natuurlijk dat Hij verlangt en wil dat Zijn kinderen spreken en scheppen door middel van spraak. Net als elke goede Vader, breidt Hij dit aspect van Zichzelf uit naar ons en wenst Hij dat wij Hem imiteren en repliceren. Hij weet alle dingen en deelt de geheime dingen met Zijn kinderen, die ervoor kiezen om de profetische gave te omarmen.

HOOFDSTUK TWEE

De Rol van Profetie

"Voorzeker, de Here Here doet geen ding, of Hij openbaart zijn raad aan zijn knechten, de profeten."

Amos 3:7

G od wil dat Zijn stem gehoord wordt. Hij zal niets doen op aarde, in jouw leven of natie, zonder Zijn plannen te onthullen aan Zijn dienaren door middel van profetie.

Genesis 18:17 *"En de HEERE zei: Zou Ik voor Abraham verbergen wat Ik ga doen?"*

Het is niet altijd slechts door te preken, te onderwijzen en het evangelie te verkondigen dat we grootse daden doen. Als we terugkijken over de loop van de geschiedenis, kunnen we zien dat de profetie cruciaal was voor Gods volk om grootse daden voor Hem te verrichten. Hij gebruikte verschillende middelen en zette Zijn profeten op verschillende manieren in om te profeteren.

" want nooit is profetie voortgekomen uit de wil van een mens,
maar, door de Heilige Geest gedreven, hebben mensen van
Godswege gesproken."

2 Petrus 1:21

Profetie wordt eenvoudig gedefinieerd als het door communiceren van het hart, de geest en de wil van God voor Zijn volk. Het vermogen om te profeteren is niet alleen een bijzondere genade en kostbaar geschenk van God, maar ook een belangrijk middel voor Hem om Zijn verlangens en plannen voor ons te onthullen. Daarom moedigde Paulus ons aan om te streven naar het vermogen om te profeteren. Paulus spoorde ons aan om een hoge prioriteit te geven aan het profeteren.

Er zijn zegeningen en voordelen van het profetische die niet alleen centraal staan voor de kerk, maar ook voor het vervullen van ons doel op aarde buiten de vier muren van de kerk. Vaak wordt gedacht dat het profetische alleen relevant is voor de kerk, maar als God spreekt, spreekt Hij tot individuen, Hij spreekt tot families, Hij spreekt tot de kerk, Hij spreekt tot regeringen en Hij spreekt tot naties.

In Bijbelse tijden zochten godvrezende koningen voordat ze ten strijde trokken een profeet op voor openbaring en leiding over wat de Heer zei.

"Maar Josafat zei: Is hier niet nog een profeet van de HEERE,
zodat wij de HEERE door hem kunnen raadplegen?"

1 Koningen 22:7

Wanneer koningen dromen hadden en interpretatie nodig hadden en hun tovenaars, waarzeggers en helderzienden geen licht konden werpen op de droom, was er altijd een profeet die kwam en de gedachten, raad en interpretatie uit de hemel bracht.

"Toen zeide Farao tot Jozef: Ik heb een droom gehad, en er is niemand, die hem kan uitleggen, maar ik heb van u horen zeggen: Gij behoeft een droom maar te horen om hem te kunnen uitleggen. En Jozef antwoordde Farao: Geenszins; God zal Farao's welzijn verkondigen. "

Genesis 41:15-16

"De koning richtte het woord tot Daniel, wiens naam Beltesassar was: Zijt gij in staat mij de droom die ik gezien heb, met zijn uitlegging bekend te maken? Daniel gaf de koning ten antwoord: De verborgenheid waarnaar de koning vraagt, kunnen geen wijzen, bezweerders, geleerden of waarzeggers de koning te kennen geven. Maar er is een God in de hemel, die verborgenheden openbaart; Hij heeft de koning Nebukadnessar bekendgemaakt wat in de toekomende dagen geschieden zal. Uw droom en de gezichten die u op uw legerstede voor ogen kwamen, waren deze:"

Daniël 2:26-28

In 2 Koningen 6:8-12 toen het leger van de vijand aan het beramen en strategieën aan het uitwerken was, was er een profeet die sprak in de oren van de koning, die de plannen van de vijand blootlegde en Israël een voordeel gaf in de strijd.

"De koning van Aram was in oorlog met Israel. Hij beraadslaagde met zijn dienaren: Op die en die plaats zal mijn legerkamp zijn. Maar de man Gods zond aan de koning van Israël de boodschap: Neem u in acht niet langs die plaats te trekken, want de Arameeers zijn daarheen afgedaald. De koning van Israel zond dan mannen naar de plaats die de man Gods hem genoemd en waarvoor hij hem gewaarschuwd had, zodat hij zich daar in acht kon nemen, en dat niet slechts eenmaal of tweemaal. En het hart van de koning van Aram werd hierover verontrust; hij ontbood zijn dienaren en zeide tot hen: Kunt gij mij niet meedelen, wie van de onzen op de hand van de koning van Israel is? Doch een van zijn dienaren zeide: Neen, mijn heer de koning, maar Elisa, de profeet in Israel, deelt aan de koning van Israel de woorden mee, die gij in uw slaapkamer spreekt."

2 Koningen 6:8-12

Toen Gods volk in slavernij was en tot Hem uitriep, bevrijdde Hij hen door een profeet. Het profetische bracht bevrijding en behoud van een natie.

"Door een profeet bracht de Heere God Israël uit Egypte, en door een profeet werd het behouden."

Hosea 12:13

Opnieuw, toen de Israëlieten in Babylonische ballingschap waren, benaderde Daniël, door middel van gebed, de hemel in relatie tot het profetisch woord dat gesproken was door Jeremia en bewerkte hij bevrijding voor Zijn volk.

"In het eerste jaar van zijn koningschap lette ik, Daniel, in de boeken op het getal van de jaren, waarover het woord des Heren tot de profeet Jeremia gekomen was, dat Hij over de puinhopen van Jeruzalem zeventig jaar zou doen verlopen. En ik richtte mijn aangezicht tot de Here God om te bidden en te smeken, in vasten en in zak en as."

Daniël 9:2-3

Profetie zette het volk aan tot de wederopbouw van de tempel en deed hen ook voorspoed ervaren.

"De oudsten der Judeeers bouwden voorspoedig voort tijdens het profeteren van de profeet Haggai en van Zacharia, de zoon van Iddo; zij voltooiden de bouw volgens het gebod van de God van Israël en volgens het bevel van Kores Darius en Artachsasta, koning van Perzië."

Ezra 6:14

We zien ook de profetie de doden reactiveren en een uitzichtloze situatie omkeren in Ezechiël.

"En Hij zeide tot mij: Mensenkind, kunnen deze beenderen herleven? En ik zeide: Here Here, Gij weet het. Toen zeide Hij tot mij: Profeteer over deze beenderen en zeg tot hen: gij dorre beenderen, hoort het woord des Heren. Zo spreekt de Here Here tot deze beenderen: Zie, Ik breng geest in u, en gij zult herleven; Ik zal spieren op u leggen, vlees op u doen komen, u met een huid overtrekken en geest in u brengen, zodat gij herleeft; en gij zult weten, dat Ik de Here

ben. Ik nu profeteerde zoals mij bevolen was, en zodra ik profeteerde, ontstond er een geruis, en zie, een beweging, en de beenderen voegden zich aaneen zoals zij bij elkander behoorden; Ik zag toe, en zie, er kwamen spieren op, en vlees, en er trok een huid overheen; maar geest was er nog niet in hen. Daarop zeide Hij tot mij: Profeteer tot de geest, profeteer, mensenkind, en zeg tot de geest: zo zegt de Here Here: kom van de vier windstreken, o geest, en blaas in deze gedoden, zodat zij herleven. Toen profeteerde ik, zoals Hij mij bevolen had; en de geest kwam in hen en zij herleefden en gingen op hun voeten staan, een geweldig groot leger. Voorts zeide Hij tot mij: Mensenkind, deze beenderen zijn het gehele huis Israels. Zie, zij zeggen: Onze beenderen zijn verdord en onze hoop is vervlogen; het is met ons gedaan."

Ezechiël 37:3-11

Profetie brengt ook bevestiging en leiding die ons in staat stelt om Gods goddelijke roeping in ons leven te vervullen. David, gezalfd tot koning van Israël door de profeet Samuel, illustreert dit.

"De Here zeide tot Samuel: Hoelang zult gij nog leed dragen over Saul, en Ik heb hem toch verworpen, dat hij geen koning meer over Israel zal zijn? Vul uw hoorn met olie en ga heen: Ik zend u naar de Betlehemiet Isai, want onder zijn zonen heb Ik Mij een koning uitgezocht."

1 Samuël 16:1

"Daarop liet hij hem halen. Hij nu was rossig, ook had hij mooie ogen en een schoon voorkomen. Toen zeide de Here: Sta op, zalf hem, want deze is het."

1 Samuël 16:12

De vrijlating van profetie over ons leven kan seizoenen en cycli van frustratie en vruchteloosheid veranderen, en ons brengen in Gods timing van doorbraak en wonderen.

"En de vrouw werd zwanger en baarde een zoon op dezelfde tijd een jaar later, zoals Elisa tot haar gesproken had."

2 Koningen 4:17

De rol van profetie kan niet terzijde worden geschoven als we de manifestatie willen zien van wat God in het script van de eeuwigheid over ons heeft geschreven. Er werd van Jezus gezegd dat hij kwam aan de hand van wat in de boekrol over hem geschreven was (Hebreeën 10:7). David merkte op dat al de dagen die voor hem (David) waren vastgesteld, in Gods boek geschreven waren, zoals genoteerd in Psalm 139:16.

We leven in uitdagende en opwindende tijden. Het is van vitaal belang dat Gods stem gehoord wordt en de bedoelingen van Zijn hart door profetie geopenbaard worden. Bestemmingen hangen in de balans totdat Gods wil wordt geopenbaard. Als we begeren om te profeteren, zullen we Gods aanwezigheid en de manifestatie van de hemel op geweldige manieren zien.

HOOFDSTUK DRIE

Het profetische ontraadselen

*'En de Geest van de Heer zal over u komen, en u zult met hen
profeteren, en u zult in een andere mens veranderen.'*

1 Samuel 10:6

Er is een dunne scheidslijn tussen het profetische en het zielige,
evenals tussen openbaring en waarzeggerij. De vijand heeft
altijd een imitatie van datgene wat God heeft gevestigd. We zien een
toename van psychics en het zielige, die beweren van God te horen
maar bediening in een voorstelling veranderen. Dit heeft verwarring,
paranoia, angst en belachelijk maken van de bediening veroorzaakt.

Eens werd ik uitgenodigd om een andere kerk te bedienen. Bij
binnenkomst in het gebouw voelde ik een gespannen sfeer, alsof de
mensen nerveus waren. In gesprek met de predikant gaf hij aan dat
het leiderschap hen had gewaarschuwd dat de profeet kwam, en dat
ze dus hun leven op orde moesten zetten. Ze hadden de verwachting
en angst dat de profeet zou komen om ieders zonde bloot te leggen.

Het profetische bediening is gevoelig, en het verkeerde gebruik ervan heeft in de loop der jaren controverse, misverstanden en misvattingen met zich meegebracht. Daarom zijn velen die geroepen zijn tot het ambt van profeet terughoudend om hun gave te omarmen. In dit hoofdstuk probeer ik die opvattingen over het profetische te ontraadselen en waardering te brengen voor wat God het lichaam heeft geschonken.

Jezus werd beschuldigd van een dienaar van Beëlzebub te zijn. "*En de schriftgeleerden, die van Jeruzalem gekomen waren, zeiden: Hij heeft Beelzebul, en door de overste der boze geesten drijft Hij de geesten uit.* " Marcus 3:22. Hij liep op water en ze dachten dat hij een geest was. "*En toen de discipelen hem op de zee zagen lopen, werden ze bang en zeiden: Het is een spook! En ze schreeuwden van angst.*" Matteüs 14:26. Wanneer iemands profetische radar ontwaakt en hij of zij begint dingen in de geest te horen, voelen en zien, kan dat overweldigend en eng zijn. Soms kunnen zelfs de dromen en visioenen die we hebben, ons anders doen voelen. We kunnen denken dat we vreemd, raar of eng zijn, maar het is eenvoudigweg God die ons bewust maakt van onze roeping.

Jezus begon te profeteren over zijn kruisiging en de vele dingen die hij zou lijden. Petrus probeerde Hem onmiddellijk het zwijgen op te leggen, misschien denkend dat Hij gek was. Jezus' reactie was inzichtelijk. "*Doch Hij keerde Zich om en zeide tot Petrus: Ga weg, achter Mij, satan; gij zijt Mij een aanstoot, want gij zijt niet bedacht op de dingen Gods, maar op die der mensen.*" (Mattheüs 16:23). Jezus herkende de geest erachter en berispte het. De vijand zal altijd proberen om ons de roeping op ons leven in twijfel te laten trekken of anderen gebruiken om het te ontkennen.

We zagen ook toen God Samuel begon op te wekken tot zijn profetische roeping. Hij dacht dat Eli hem riep omdat hij de stem van God nog niet had leren onderscheiden. Ik kan me voorstellen dat Samuel aan zichzelf twijfelde en zich afvroeg of hij "dingen hoorde". Gelukkig kon Eli hem verzekeren dat het God was die tot hem sprak.

In de komende hoofdstukken zal ik meer delen over de manieren waarop God tot ons spreekt. Dus als je nog twijfels hebt of je van God hoort, zul je meer helderheid krijgen en Zijn profetische DNA binnenin je herkennen.

De indrukken en aansporingen in je geest die je hebt ervaren, maken je niet raar of vreemd. Sterker nog, die zullen normale ervaringen zijn op je profetische reis. Bijvoorbeeld, soms, als je mensen ontmoet, kun je letterlijk hun last en pijn voelen. Ik herinner me een interessante ervaring tijdens een zendingsopdracht naar de gevangenis, waar ik deel uitmaakte van een groep die Bijbels uitdeelde en de gedetineerden diende. Bij het betreden van het terrein werden mijn neusgaten spiritueel doordrongen van de bedorven geur van de dood. Ik had nog nooit zo'n ervaring gehad, en ik vertelde een collega dat ik de geur van de dood in deze plaats rook. We voltooiden onze opdracht, en twee weken later werd mijn aandacht getrokken door het nieuws op televisie - een opstand en een gevangenisuitbraak had plaats gevonden. Helaas stierven zeventien gevangenen omdat ze hen niet op tijd uit hun cellen konden bevrijden.

We kunnen het ons niet veroorloven om de schijnbaar vreemde gewaarwordingen in onze geest te negeren. Het is normaal dat profetische mensen deze dingen ervaren. Misschien heb je nog niet de juiste terminologie voor wat je op dit moment voelt, maar wees niet te snel om het te bagatelliseren of te negeren. De profeten proefden de dood in de pot.

2 Koningen 4:39-40, " *Daarop ging er een naar het veld om groenten te plukken; en hij vond een wilde slingerplant en lukte daarvan wilde kolokwinten, zijn kleed vol. Toen hij teruggekomen was, sneed hij die in stukjes in de moespot; want zij kenden ze niet. Vervolgens schepte men voor de mannen op om te eten. Maar zodra zij van het moes hadden gegeten, schreeuwden zij het uit: De dood is in de pot, man Gods! En zij konden het niet eten.* "

Je zou ook het doelwit kunnen worden van spot, zoals de discipelen op de dag van Pinksteren die werden gezien als dronken van wijn. "*En zij waren allen verbaasd en twijfelden, zeggende de een tegen de ander: Wat wil dit zeggen? Anderen zeiden spottend: Dezen zijn vol nieuwe wijn.*" (Handelingen 2:12-13)

Petrus weerlegde daarom dat idee en verduidelijkte dat wat er gebeurde eigenlijk de manifestatie was van het profetische woord gegeven door de profeet Joel in Handelingen 2:14-18 "*Maar Petrus stond met de elven op, en hij verhief zijn stem en sprak hen toe: Gij Joden en allen, die te Jeruzalem woonachtig zijt, dit zij u bekend en neemt mijn woorden ter ore. Want deze mensen zijn niet dronken, zoals gij veronderstelt, want het is het derde uur van de dag; maar dit is het, waarvan gesproken is door de profeet Joel: En het zal zijn in de laatste dagen, zegt God, dat*

Ik zal uitstorten van mijn Geest op alle vlees; en uw zonen en uw dochters zullen profeteren, en uw jongelingen zullen gezichten zien, en uw ouderen zullen dromen dromen: ja, zelfs op mijn dienstknechten en mijn dienstmaagden zal Ik in die dagen van mijn Geest uitstorten en zij zullen profeteren."

Soms kan de omgeving waaruit we tevoorschijn komen, ook twijfel zaaien over de profetische roeping in ons leven. In mijn eigen ervaring, afkomstig uit een kerk die de profetie niet volledig benadrukte of omarmde, was dit een van de uitdagingen waarmee ik te maken had bij het op komen in mijn roeping en zalving. Ik werd aangemoedigd toen ik nadacht over het leven van Johannes de Doper. De Bijbel vertelt ons dat Johannes een stem was die riep in de woestijn. Hij was de eenzame stem. Hij was niet gepolijst, noch was zijn boodschap politiek correct. Zijn levensstijl en manier van kleden pasten niet bij de status quo. We lezen dat hij sprinkhanen at en wilde honing, en zijn kleding was van kamelenhaar, maar toch was hij een stem. (Mattheüs 3:4) Soms wil God dat wij die ene stem zijn in die woestijn, de koers uitstippelend voor anderen, het pad effenen zodat zij kunnen opstaan in hun roeping. In retrospectief ben ik dankbaar dat ik niet snel van kerk ben veranderd. De profetische gave is nu erkend, en er is ruimte voor om te worden uitgeoefend. Ik heb ook veel anderen zien opkomen en bewegen in hun profetische gave en worden gevierd. Soms worden niet allemaal van ons geroepen naar een reeds gevestigd gebied. Sommigen van ons moeten het terrein openbreken en pionieren voor anderen. De profetische zalving is een zalving voor de voorloper. Toen Samuel geboren werd was er geen profetie in werking, maar hij was in staat de atmosfeer te veranderen en een cultuur voor de profetie te cultiveren, zodat anderen konden opstaan en in die roeping konden wandelen. "*De jonge Samuel was in de dienst des Heren onder toezicht van Eli. Nu was in die dagen het woord des Heren schaars; gezichten waren niet talrijk.* " 1 Samuel 3:1

> "*Terwijl hij zich omkeerde om van Samuel weg te gaan, schonk God hem een ander hart. En al de genoemde tekenen geschiedden op die dag. Toen zij daar te Gibea kwamen, zie, een schare profeten trad hem tegemoet; de Geest Gods greep hem aan en hij geraakte onder hen in geestvervoering.*"
>
> 1 Samuel 10:9-10

Wanneer we opstaan in onze profetische roeping, kunnen we samenwerken met de hemel om te manifesteren wat de hemel wil vrijgeven in deze tijd. Het profetische stelt ons in staat om te functioneren in onze koninklijke zalving en deze samenwerking te vervullen. Efeziërs 2:6 herinnert ons eraan: " *en heeft ons mede opgewekt en ons mede een plaats gegeven in de hemelse gewesten, in Christus Jezus,...*" Te lang hebben we geluisterd naar de stem van de ontkenners, de stem van het onheil, de stem van de bedriegers, de stem van verwarring, maar God wil de ware profetische stem die openbaring, leiding, bevestiging, helderheid, advies, wijsheid, opbouw en waarheid voortbrengt.

Bij het onderwijzen van het profetische benadrukken we altijd dat het gebrek aan training ervoor kan zorgen dat mensen de profetische zalving van een ander afwijzen. Zoals eerder aangegeven, heeft de kerk veel theatrale vertoningen gezien onder de noemer van het profetische, wat velen heeft doen afwijzen, verachten en ontkennen.

Het vergt geloof om het profetische te omarmen. *"En Hij heeft daar niet vele krachten kunnen doen vanwege hun ongeloof."* (Mattheüs 13:58). Daarom was Maria's reactie *"mij geschiede naar uw woord,"* nadat ze de profetie van de engel Gabriël had ontvangen. *"En Maria zeide: Zie de dienstmaagd des Heeren; mij geschiede naar uw woord. "En de engel ging van haar heen."* (Lucas 1:38)

Op het moment dat ze instemde met het profetische woord, werd de hemel over haar geopend, en werd ze zwanger van haar bestemming.

Ja, mensen kunnen zelfs aanstoot nemen, maar je moet weigeren om bestempeld te worden als gek, vreemd, fanaticus en meelijwekkend. De hemel baart iets groots in jou, en de hel beeft vanwege wat je draagt. Vaak gaat het misschien verder dan onze articulatie en welsprekendheid, maar laat anderen je niet definiëren en beperken. Het gebrul van de leeuw van Juda zal een donder in je stem leggen die demonische systemen in het geestelijk rijk zal schudden en omverwerpen. Je spreekt geen wartaal, en je "hoort geen dingen". Je hoort wat de Geest zegt. Jouw woorden hebben gewicht en autoriteit. Laat het los en profeteer!

Jeremia 1:8-10 verkondigt: *" Vrees niet voor hen, want Ik ben met u om u te bevrijden, luidt het woord des Heren. Toen strekte de Here zijn hand uit en roerde mijn mond aan, en de Here zeide tot mij: Zie, Ik leg mijn woorden in uw mond; Merk op, Ik stel u heden over de volken en de koninkrijken om uit te rukken en af te breken, om te verdelgen en te verwoesten, om te bouwen en te planten."*

We worden eraan herinnerd dat Satan de aanklager van de broeders is, en we zijn niet onwetend over zijn streken. Als hij dus datgene wat waar en authentiek is kan beschuldigen en bestempelen als gek en vreemd om te voorkomen dat mensen de waarheid ontdekken - zal hij dat doen. Een ware profetische stem verkondigt de waarheid, die mensen bevrijdt van de leugens en misleiding van de vijand. Een ware profetische stem is een door God aangestelde spreekbuis en orakel.

De profetische roeping op je leven zal aanvallen op je reputatie en karakter uilokken. Desondanks moet je ervoor zorgen dat je ziel en geest bewaakt zijn. Wees gehoorzaam, nederig en snel om te vergeven. Wanneer je profeteert, ben je een bedreiging voor het koninkrijk van de duisternis. Je vernietigt demonische overheden en machten en bevrijdt mensen uit boeien en religieuze systemen. Toen koning Achab de profeet Elia zag, vroeg hij hem of hij de onruststoker was. *"Zodra Achab Elia zag, zeide Achab tot hem: Zijt gij daar, gij, die Israel in het ongeluk stort? Doch hij zeide: Ik heb Israel niet in het ongeluk gestort, maar gij en uws vaders huis, doordat gij de geboden des Heren hebt verzaakt en de Baals zijt nagelopen."* 1 Koningen 18:17-18

Je bent niet gek en machteloos! Je bent de door God aangestelde en gemachtigde stem. Religie, de traditities van mensen en het wettische "letter van de wet" kunnen niet doden en het zwijgen opleggen wat God in je heeft geplaatst. Ondanks de afwijzing als gevolg van onwetendheid en verkeerde meningen van mensen, zeg ik tegen jou: Profeteer! Er is een rivier in je buik. Uit je buik zullen rivieren van levend water stromen (Johannes 7:38). Sta op en profeteer!

We moeten ook altijd onthouden dat God ons niet heeft aangesteld in het profetische ambt om populair te zijn. Soms past onze boodschap niet bij de status quo. Maar zoals Elia, moeten we misschien afwijzing doorstaan. Soms kunnen we zijn als Micha, de enige van de vierhonderd die niet met de massa meegaat om de koning te sussen.

> *"De koning van Israel zeide tot Josafat: Er is nog een man door wie wij de Here kunnen raadplegen, maar ik haat hem, omdat hij over mij nooit iets goeds, maar alleen onheil profeteert: Micha, de zoon van Jimla. En Josafat zeide: De koning spreke niet alzo."*
>
> 1 Koningen 22:8

Het profetische ambt is geen sociaal mediaplatform voor likes en applaus van mensen. Jouw profetisch woord moet gebaseerd zijn op het Woord en uitgesproken worden volgens het hart van God. Als profeten hebben we te maken met veel critici en sceptici van het profetische. Sta echter niet toe dat de beschuldigingen en intimidatie van de vijand je gaven beperken of de waarheid compromitteren. Waarheid is het fundament van een gezond, profetisch bediening.

> *"De bode nu, die Micha was gaan roepen, sprak tot hem: Zie, de profeten hebben eenstemmig gunstig voor de koning gesproken; laat dan toch uw woord zijn als het woord van ieder hunner, en spreek gunstig. Maar Micha zeide: Zo waar de Here leeft, voorzeker, hetgeen de Here tot mij zeggen zal, dat zal ik spreken."*
>
> 1 Koningen 22:13-14

Ik geloof dat we in de komende dagen een opkomst zullen zien van nieuwe profetische stemmen, terwijl God religieuze systemen en denominaties binnendringt die het profetische hebben uitgeschakeld en uitgesloten. Deze stemmen zijn misschien niet bekend, maar ze zullen opstaan. Ze zijn misschien niet populair of de favoriet, maar ze zullen de steun van de hemel hebben.

Dit zijn de dagen waarin God Zijn Geest op gewone mannen en vrouwen doet komen en hen transformeert tot krachtcentrales. Ze zullen atmosferen en regio's verschuiven door hun profetieën. Saul werd getransformeerd in een profetische atmosfeer en begon te profeteren. De mensen vroegen: "Is Saul nu een profeet?" (1 Samuel 19:24). Het was voor velen vreemd dat Saul profeteerde. God kan iedereen gebruiken. Hij gebruikte zelfs een ezel om te profeteren, dus Hij kan jou zeker ook gebruiken. Open je mond en profeteer!

Er is een aanklacht tegen de kerk omdat we allerlei gekkigheid hebben toegestaan en het profetisch hebben genoemd omdat we niemand wilden beledigen. In sommige gevallen werd het profetische alleen gebruikt als een marketinginstrument om zaaiers en gevers aan te trekken naar de bedieningen. Dit kan worden vergeleken met vreemd vuur waar God de zonen van Aäron voor oordeelde in Leviticus 10:1-2: " *En de zonen van Aaron, Nadab en Abihu, namen ieder zijn vuurpan, deden daar vuur in en legden daar reukwerk op; zo brachten zij vreemd vuur voor het aangezicht des Heren, hetgeen Hij hun niet geboden had. Toen ging er vuur uit van de Here en dit verteerde hen, zodat zij stierven voor het aangezicht des Heren.* " Niet alle profeten hoeven in gewelddadige convulsies en theaterachtige optredens te vervallen om een woord vrij te geven. Hoewel het profetische bekend staat om spontaniteit, hoeft men zich niet als een gek te gedragen. Ja, het kan een woord van correctie of berisping zijn, maar we kunnen geen gebrek aan eer aan de bediening tolereren en geloofwaardigheid geven aan dingen die buiten de orde worden gedaan. Als we zoiets aanmoedigen, laten we dan toe dat de geest van de wilde ezel, losse kanonnen, renegaten, fanatici en huurlingen chaos creëert in het lichaam van Christus.

Bovendien kunnen we karakter niet scheiden van de roeping. Vaak komt de dwaasheid die we zien voort uit het ontbreken van volwassenheid en karakter in de profeet en ijver zonder wijsheid.

God is meer geïnteresseerd in het karakter van Zijn profeten dan in hun gaven. We kunnen niet beweren God te vertegenwoordigen als Zijn stem, terwijl wij Zijn karakteristieken van heiligheid, rechtvaardigheid, waarheid en betrouwbaarheid niet tentoonspreiden. Velen zijn slachtoffers geworden van wat bekend staat als het Integriteit Deficiëntie Syndroom (IDS) als gevolg van compromissen, dubieuze en onethische praktijken. We zagen dit gebeuren met de dienaar van Elisa, Gehazi, die, nadat Elisa Naäman had genezen en hem geschenken werden aangeboden, weigerde ze te accepteren. Gehazi ging echter later achter Naäman aan en loog om de geschenken te ontvangen die Elisa weigerde.

> *"Dacht Gechazi, de knecht van Elisa, de man Gods: Zie, daar heeft mijn heer deze Arameeer Naaman ontzien door niets van hem aan te nemen van wat hij had meegebracht! Zo waar de Here leeft, ik snel hem achterna en neem iets van hem aan. Dus ging Gechazi Naaman achterna. Toen Naaman zag, dat iemand hem achterna snelde, sprong hij van de wagen af hem*

tegemoet en zeide: Is het wel? En hij antwoordde: Ja. Mijn heer
heeft mij gezonden met deze boodschap: Zie zojuist zijn twee
jonge mannen uit de profeten tot mij gekomen van het gebergte
Efraim. Geef hun toch een talent zilver en twee bovenklederen.
En Naaman zeide: Wees zo goed en neem twee talenten. En hij
drong bij hem aan. Daarop liet hij twee talenten zilver in twee
buidels pakken, benevens twee bovenklederen en gaf die aan
twee van zijn knechten, die ze voor hem uit droegen.

Toen hij bij de heuvel gekomen was, nam hij ze van hen over,
borg ze op in huis en liet die mannen heengaan. En zij gingen
heen. Nadat hij binnengekomen was en voor zijn heer was gaan
staan, vroeg Elisa hem: Vanwaar Gechazi? En hij antwoordde:
Uw knecht is nergens heen geweest. Maar hij zeide tot hem: Ben ik
in de geest niet meegegaan, toen die man zich omkeerde van zijn
wagen af u tegemoet? Was het de tijd om dat zilver aan te nemen
of om klederen aan te nemen of olijfbomen en wijngaarden,
schapen en runderen, slaven en slavinnen? Daarom zal de
melaatsheid van Naaman u en uw nakomelingen aankleven,
voor altoos. Toen ging hij van hem weg, melaats als sneeuw.

2 Koningen 5:20-27

Dit was dezelfde Gehazi waarvoor Elisa bad dat de Heer zijn ogen
zou openen in 2 Koningen 6:17: " *Toen bad Elisa: Here, open toch zijn*
ogen, opdat hij zie. En de Here opende de ogen van de knecht en hij zag en
zie, de berg was vol vurige paarden en wagens rondom Elisa."

Elisa had een dubbele zalving ontvangen van Elia. Die dubbele
zalving had overgedragen moeten worden aan Gehazi, maar helaas

kon hij, vanwege zijn karakter afwijkingen, de overdracht van die zalving niet ontvangen. De Bijbel vermeldt dat Elisa stierf en dat die zalving met hem in zijn graf lag, en werd geactiveerd toen een dode man per ongeluk op de botten van Elisa werd neergelaten en weer tot leven kwam in 2 Koningen 13:20-21.

> *"Daarna stierf Elisa en men begroef hem. Nu plachten de benden van de Moabieten bij het aanbreken van het jaar in het land te komen. Terwijl men eens bezig was iemand te begraven, zie, daar zagen zij een bende: toen wierpen zij de man in het graf van Elisa en liepen weg. En toen de man met het gebeente van Elisa in aanraking kwam, werd hij levend, en rees overeind op zijn voeten."*

God verafschuwt bedrog en oneerlijkheid; daarom verklaarde Jezus in Mattheüs 7:22-23: *"Velen zullen te dien dage tot Mij zeggen: Here, Here, hebben wij niet in uw naam geprofeteerd en in uw naam boze geesten uitgedreven en in uw naam vele krachten gedaan? En dan zal Ik hun openlijk zeggen: Ik heb u nooit gekend; gaat weg van Mij, gij werkers der wetteloosheid. "*

De profetie is een gave waarbij karakter van het grootste belang moet zijn, aangezien enige schijn van tekortkoming de bediening van de profeet kan bezoedelen en uiteindelijk kan bijdragen aan zijn vernietiging en ondergang.

Verder kan het ook voortkomen uit trots, gebrek aan onderwerping aan leiderschap, gebrek aan mentorschap, protocol en training in de meeste gevallen. Verantwoording is noodzakelijk vanwege de aard van de profetische bediening en het risico van vernietiging van levens. Het is tijd dat we de waanzin die zich voordoet als profetisch, verwerpen.

De cultuur en tijden lijken ons schijnbaar te dwingen die stemmen te verwerpen die roepen: "Bereid de weg van de Heer." Maar het is niet hoe luid iemand klinkt of hoeveel lawaai iemand maakt dat het niveau van zalving op hun leven weergeeft. Profetie is niet alleen een geluid, maar ook de adem van God zelf die wordt losgelaten. We moeten het authentieke geluid van God onderscheiden dat naar voren komt in de profetie. Paulus bemoedigde ons in 1 Tessalonicenzen 5:20-21: "*Veracht de profetieën niet, beproef alle dingen, behoud het goede.*" Alle dingen beproeven betekent dat zelfs als het gaat om het profetische, het woord van God de basis en toetssteen moet zijn om de waarheid van wat wordt gesproken vast te stellen.

Velen in de dagen van Noach namen aan dat hij gek was omdat hij een ark bouwde en regen voorspelde. Bovendien profeteerde Jesaja dat een maagd een baby zou baren, iets dat medisch onmogelijk was en nog steeds is. We kunnen niet toestaan dat de beperkte denken van mensen de dingen van de Heilige Geest definiëren. Jezus zei tegen Nicodemus: "*Wat uit het vlees geboren is, is vlees, en wat uit de Geest geboren is, is geest.*" Johannes 3:6

Om die rede is het belangrijk dat profetie wordt beoordeeld. "*Wat de profeten betreft, twee of drie mogen het woord voeren, en de anderen moeten het beoordelen.*" 1 Korintiërs 14:29. God wil niet dat we iets doen dat in strijd is met Zijn woord. Zijn woord staat voor altijd vast. Alle profetieën moeten beoordeeld worden op basis van het woord van

God. Veel slechte praktijken hebben aandacht tot zich getrokken en hebben geen glorie gebracht aan God. Maar we kunnen het kind niet met het badwater weggooien. Het profetische is door God gegeven en het heeft nog steeds een belangrijke rol in het koninkrijk.

Toen aan Mozes werd gevraagd anderen te weerhouden van profeteren in Numeri 11:29, zei hij dat het verlangen van God is dat allen zouden profeteren. *"Doch Mozes zeide tot hem: Wilt gij voor mij ijveren? och, ware het gehele volk des Heren profeten, doordat de Here zijn Geest op hen gave!"* Paulus stelt in 1 Korintiërs 14:31 dat *"jullie allen kunnen profeteren"* *"Want gij kunt alleen een voor een profeteren, opdat allen lering en allen opwekking erdoor ontvangen."* Hoewel je in staat bent om een profetisch woord te geven, maakt dat je nog geen profeet. Er zijn verschillende niveaus van het profetische.

Bijvoorbeeld, het eerste niveau is de geest van profetie, waarin elke gelovige kan opereren wanneer de atmosfeer geladen is, zoals beschreven in Openbaring 19:10: *"En ik wierp mij neder voor zijn voeten om hem te aanbidden, maar hij zeide tot mij: Doe dit niet! Ik ben een mededienstknecht van u en uw broederen, die het getuigenis van Jezus hebben; aanbid God! Want het getuigenis van Jezus is de geest der profetie."*

Het tweede niveau is de gave van profetie, elke één van de manifestaties van de Heilige Geest is die aanwezig kan zijn in een gelovige. *"Want aan de een wordt door de Geest gegeven met wijsheid te spreken, en aan de ander met kennis te spreken krachtens dezelfde Geest; aan de een geloof door dezelfde Geest en aan de ander gaven van genezingen door die ene Geest; aan de een werking van krachten, aan de ander profetie; aan de een het onderscheiden van geesten, en aan de ander allerlei tongen, en aan weer een ander vertolking van tongen."* 1 Korintiërs 12:8-10

Het derde niveau is het ambt van de profeet, een vijfvoudig bedieningsambt waarvoor je geroepen en aangesteld moet zijn. " *En Hij heeft zowel apostelen als profeten gegeven, zowel evangelisten als herders en leraars."* Efeziërs 4:11

> *"En God heeft sommigen aangesteld in de gemeente, ten eerste apostelen, ten tweede profeten, ten derde leraars, verder krachten, daarna gaven van genezing, (bekwaamheid) om te helpen, om te besturen, en verscheidenheid van tongen."*
>
> 1 Korintiërs 12:28

We kunnen God niet in een hokje plaatsen. God stond Jozef toe om te profeteren in de gevangenis. Hij kon de dromen van de bakker en schenker van de farao interpreteren (Genesis 40:9-21). De profeet Jeremia onderging veel vervolging vanwege de profetieën die hij gaf, inclusief gevangenschap. Hoewel hij in de problemen kwam vanwege het woord, riep hij uit en vergeleek het met vuur in zijn botten dat hij niet kon inhouden.

> *"Maar zeide ik: Ik wil aan Hem niet denken en in zijn naam niet meer spreken, dan werd het in mijn hart als brandend vuur, opgesloten in mijn gebeente; wel matte ik mij af om het in te houden, maar ik kon het niet."*
>
> Jeremia 20:9

Toen God Mozes riep als Zijn geautoriseerde stem om Farao te confronteren zodat hij zijn volk zou laten gaan, klaagde Mozes en probeerde hij zich te excuseren voor die opdracht.

> *"Maar Mozes zeide tot God: Wie ben ik, dat ik naar Farao zou gaan en de Israelieten uit Egypte zou leiden?"*
>
> Exodus 3:11

> *"Toen zeide Mozes tot de Here: Och Here, ik ben geen man van het woord, noch sinds gisteren, noch sinds eergisteren, noch sinds Gij tot uw knecht gesproken hebt, want ik ben zwaar van mond en zwaar van tong."*
>
> Exodus 4:10

Mozes voelde zich ongeschikt. Desondanks, toen God Mozes geruststelde, onderwierp hij zich aan de roeping, en God kon hem gebruiken om een hele natie uit de slavernij te bevrijden. Hosea 12:13

God kan wie en wat dan ook gebruiken om Zijn woord over te brengen en Zijn volk te bevrijden. Hij gebruikte David, een eenvoudige herdersjongen met een slinger, om de reus Goliath te verslaan en Zijn volk te bevrijden. *"Zo overwon David de Filistijn met een slinger en een steen; hij versloeg de Filistijn en doodde hem; en David had geen zwaard in zijn hand."* 1 Samuel 17:50

Hij gebruikte ook Gideon, die afkomstig was uit de zwakste stam en bovendien de geringste was in zijn familie. *"Maar hij zeide tot Hem: Och, Here, waarmee zal ik Israel verlossen? Zie, mijn geslacht is het geringste in Manasse en ik ben de jongste van mijn familie. En de Here zeide tot hem: Ik ben met u, daarom zult gij Midjan verslaan als was het een man. Toen zeide hij tot Hem: Indien ik genade in uw ogen gevonden heb, geef mij dan een teken, dat Gij het zijt, die met mij spreekt.* "Rechters 6:15-17

God geeft soms instructies die ingaan tegen conventionele wijsheid. Gideon kreeg de instructie om de omvang van zijn leger te verminderen van drieduizend tot driehonderd. "*Toen zeide de Here tot Gideon: Door de driehonderd mannen, die geslurpt hebben, zal Ik u verlossen: Ik zal Midjan in uw macht geven; maar al het overige volk kan heengaan, ieder naar zijn woonplaats.* "Rechters 7:7

Nog een voorbeeld van het volgen van Gods onconventionele wegen ligt in het weigeren van David om de wapenrusting van Saul te dragen om tegen Goliath te vechten. "*En David gordde zijn zwaard aan, over zijn wapenrok, en hij deed moeite om te lopen, want hij had het nog nooit beproefd. Toen zeide David tot Saul: Ik kan hierin niet lopen, want ik heb het nog nooit beproefd. Daarop ontdeed David zich ervan."* 1 Samuel 17:39

We mogen de twijfelaars en ontkenners niet toestaan ons te stoppen en te belemmeren bij het vervullen van het mandaat dat ons is gegeven. Ik weet dat je soms misschien zoals Gideon voelt; je bent de geringste onder de broeders, of zoals Jeremia, je kunt niet spreken. Misschien ben je zelfs moe en gefrustreerd omdat je niet begrijpt wat er gebeurt of waarom je niet wordt erkend. Er is misschien geen referentiepunt in jouw generatie of gemeenschap, maar het doet er niet toe. God heeft je nog steeds geroepen en zal je gebruiken. Als Hij een ezel kan gebruiken om Zijn woord uit te spreken, kan Hij jou zeker ook gebruiken! *"Nu opende de Here de mond der ezelin, en zij zeide tot Bileam: Wat heb ik u gedaan, dat gij mij nu driemaal geslagen hebt?"* Numeri 22:28

HOOFDSTUK VIER

Horen in de Geest

"Welzalig de mens die naar mij luistert, dag aan dag wachthoudende aan mijn deuren, bewakende de posten van mijn poorten."

Spreuken 8:34

Een essentieel onderdeel van onze introductie in het profetische is het vermogen om de stem van God te herkennen en te horen. Er zijn veel stemmen op aarde. God spreekt, maar andere stemmen overstemmen Hem. *"Want God spreekt op een wijze, of op twee, maar men let er niet op."* Job 33:14 We moeten aandacht besteden aan de stemmen die onze aandacht trekken en er alles aan doen om Gods stem dominant te laten zijn in ons leven.

In 1 Koningen hoofdstuk 19 werd Elia door God opgedragen bij de berg te staan. Er was een wind, een aardbeving, een vuur, maar daarna een zachte, kalme stem. *" En na de aardbeving een vuur. In het vuur was de Here niet. En na het vuur het suizen van een zachte koelte."* 1 Koningen 19:12. God kan spreken met een zachte, kalme stem zoals een lam, of

Hij kan spreken met het gebrul van de leeuw, zoals verklaard in Joël 3:16 - *"En de Here brult uit Sion en verheft zijn stem uit Jeruzalem, zodat hemel en aarde beven. Maar de Here is een schuilplaats voor zijn volk en een veste voor de kinderen Israels.*"

Wanneer we Gods stem duidelijk kunnen herkennen, stelt het ons in staat om in Zijn beloften en zegeningen te wandelen. Het onvermogen om Gods stem te horen, laat ons vaak gefrustreerd, overweldigd, angstig, vertwijfeld en wanhopig achter en kan ons, zoals Saul, zelfs naar een ongeautoriseerde stem doen zoeken. Saul raadpleegde een tovenares, wat nooit Gods wil voor hem was. Dit is ook niet Gods bedoeling voor ons. God gebood de kinderen van Israël *" Een tovenares zult gij niet in leven laten."* (Exodus 22:18). Dit komt omdat een tovenares doet alsof ze van God hoort, maar eigenlijk een medium is voor de duivel.

Het Hebreeuwse woord voor profetie, "nabi," komt van het werkwoord "naba," wat betekent opborrelen of overvloeien. Ware profetie borrelt op en stroomt over. Johannes 7:38 zegt "... *stromen van levend water zullen uit zijn binnenste vloeien. "* Aan de andere kant doen valse profeten, helderzienden en hekserij beoefenaars voorkomen alsof ze van God horen door waarzeggende geesten te raadplegen en daarbij moeten zij openbaringen verzinnen en oproepen.

God wil dat we Zijn stem horen, niet alleen voor onszelf, maar ook voor anderen, zodat we orakels van Zijn waarheid kunnen worden. Als we zoveel verschillende "Zo spreekt de Heer" horen, zien we verwarring in het lichaam. We kunnen alleen Zijn stem kennen en herkennen als we tijd doorbrengen in de tegenwoordigheid van God.

Jezus zei: "*Mijn schapen kennen Mijn stem en de stem van een vreemde zullen zij niet gehoorzamen*" (Johannes 10:27). Kwalitatieve tijd doorbrengen in gebed, vasten en het Woord verscherpt ons gehoor in de geest. Samuel moest leren Gods stem te horen zodat hij die niet zou verwarren met die van Eli.

Wanneer we begeren te profeteren, betekent dit dat we verlangen om Gods stem te kennen en te horen en gemachtigd te worden om bekend te maken wat Hij zegt. Dit is het vermogen om in de geest te horen. We zien in 1 Koningen 18:41-46, toen er een droogte was, dat de profeet Elia instaat was af te stemmen op de frequentie van de geest en het geluid kon horen van overvloedige regen. Hij hoorde in de geest wat niet overeenkwam met wat er in de natuur gebeurde. Maar terwijl hij op de berg bleef doordringen in de geest, stuurde hij zijn dienaar om te gaan kijken, omdat hij een geluid hoorde. Hij stuurde zijn dienaar verschillende keren om te kijken, maar het was pas de zevende keer dat hij iets opmerkte, dat naar zijn veronderstelling niet significant was. Het was een kleine wolk, ter grootte van de handpalm van een man. Dit was echter de bevestiging waar Elia op wachtte. Daarna vertelde hij zijn dienaar om zich te haasten en koning Achab te vertellen de strijdwagens gereed te maken, omdat er een overvloedige regen aankwam.

Wanneer we beginnen om tot de profetische God te naderen, zullen we in onze geest horen wat de Heer ons, anderen, de kerk en de naties te zeggen heeft. Je zult bidden voor iemand, en je zult duidelijk Gods leiding voor hun leven horen. Je zult in je tijd van aanbidding en toewijding zijn, en de Geest zal tot je spreken. Misschien ben je aan het vasten of de Bijbel aan het lezen, en Zijn stem zal luid en duidelijk zijn. Je zult Hem horen spreken over je toekomst en die van je gezin, je zult Hem horen spreken over je huwelijk, je bedrijf, je carrière, je bediening, en je zult Hem horen spreken over je land en vele andere dingen.

In 2 Koningen hoorde de profeet Elisa duidelijk in de geest dat de dingen in vierentwintig uur zouden verschuiven. Op dat moment was er een economische crisis in de natie.

Toen zeide Elisa: Hoort het woord des Heren. Zo zegt de Here: Morgen omtrent deze tijd zal een maat fijn meel een sikkel kosten, en twee maten gerst een sikkel, bij de poort van Samaria. Daarop antwoordde de hoofdman op wiens arm de koning leunde, de man Gods: Ook al zou de Here sluizen in de hemel maken, zou dit dan kunnen geschieden? Maar hij zeide: Zie, gij zult het met eigen ogen aanschouwen, doch daarvan niet eten. Er waren vier melaatse mannen buiten voor de poort; zij zeiden tot elkander: Waarom blijven wij hier, totdat wij sterven? Indien wij zeggen: Wij zullen de stad binnengaan, in de stad is hongersnood, zodat wij daar zullen sterven; en indien wij hier blijven, dan zullen wij ook sterven. Welaan dan, laten wij overlopen naar de legerplaats der Arameeers. Indien zij ons in leven laten, zullen wij leven; en indien zij ons doden, zullen wij sterven. In de avondschemering stonden zij op om naar de legerplaats der Arameeers te gaan. Maar toen zij bij de buitenrand van de legerplaats der Arameeers kwamen, zie, daar was niemand. Want de Here had het leger der Arameeers een geluid doen horen van wagens en paarden, het geluid van een grote legermacht, zodat zij tot elkander zeiden: Zie, de koning van Israel heeft tegen ons de koningen

der Hethieten en van Misraim gehuurd om ons te overvallen.
Daarom waren zij opgesprongen en in de avondschemering
gevlucht en hadden hun tenten achtergelaten, ook hun paarden,
hun ezels, de hele legerplaats zoals die was; zij waren gevlucht
om hun leven te redden.

2 Koningen 7:1-7

In dit verhaal bevonden zich vier melaatsen buiten de stad bij de poort. Ze werden afgewezen vanwege het stigma dat aan die aandoening verbonden was. Het is interessant om op te merken dat ze geen toegang hadden tot de koning, de profeet of profetie. Ze werden buitengesloten, geïsoleerd en verbannen vanwege hun situatie, maar wat ze niet met hun natuurlijke oren hoorden, hoorden ze met hun geestelijke oren. Hoewel deze melaatsen buiten waren, hadden ze een oor om te horen wat God binnen zei dat Hij zou doen. En zo legde God een woord in hun geest, en toen ze het hoorden, stonden ze op en zeiden tegen elkaar: waarom zouden hier blijven zitten en sterven?

Wanneer we begeren te profeteren, zullen we nooit in een situatie zijn waarin we sterven bij gebrek aan het horen van God. Omdat er een verlangen en ijver is om te profeteren, zal er een stroom van openbaring worden vrijgegeven. Het is zo eenvoudig als de wet van vraag en aanbod. En omdat er vraag is, vereist dit een houding en positionering in onze geest om te horen. Deze positionering stelt ons in staat om omgevormd te worden tot geleiders van Gods stem en maakt dat wij gemakkelijk kunnen onderscheiden of de stemmen die strijden om onze oren gemachtigd zijn met referenties uit de hemel om namens Hem te spreken.

HOOFDSTUK VIJF

Zien in de Geest

Toen vroeg de Heer mij: *"Wat zie je, Jeremia?"* Ik antwoordde: *"Ik zie een takje van een amandelboom."*

Jeremia 1:11

Onze geestelijke ogen zijn geschapen om te zien in het rijk van de geest. Toen God Jeremia's profetische opdracht in zijn leven bevestigde, deed Hij dat door zijn geestelijke ogen in te schakelen. Twee keer in Jeremia hoofdstuk één vroeg de Heer hem: "Wat zie je?" Jeremia beschreef toen wat hij zag, en daarna begon God de betekenis van wat Jeremia had gezien uiteen te zetten.

Het vermogen om in de geest te zien is een van de vroegste bevestigingen van het hebben van een profetische gave, omdat een profeet in het verleden een ziener werd genoemd (1 Samuel 1:9). Het woord ziener komt van het Hebreeuwse woord "ro'eh of ra'ah", wat betekent iemand die ziet.

Wanneer we begeren te profeteren, activeert het niet alleen de ziener zalving, maar ook de openbarende gave van het woord van kennis in ons. Dit was ook in overeenstemming met de bediening van Jezus. In Johannes hoofdstuk één nodigt Filippus Nathanaël uit om Jezus te ontmoeten, en Nathanaël betwijfelt of er iets goeds uit Nazareth kan komen. Wanneer Nathanaël arriveert, maakt Jezus opmerkingen over Nathanaël en zegt: "Zie, waarlijk een Israëliet, in wie geen bedrog is" (Johannes 1:46). Nathanaël verwonderde zich over het inzicht dat Jezus had in zijn karakter en vraagt vanwaar Jezus hem kende. Jezus antwoordt in Johannes 1:48: "... *Eer Filippus u riep, zag Ik u onder de vijgeboom.* " Nathanaël kreeg toen een openbaring van wie Jezus was en bevestigde dat Hij de Zoon van God was.

Daarnaast merken we op in Johannes 1:50-51 dat Jezus tegen Nathanaël zei: "... *Omdat ik tegen jou zei dat ik je onder de vijgenboom zag, geloof je? Je zult grotere dingen zien dan deze. Voorwaar, voorwaar, ik zeg u: hierna zult u de hemel geopend zien, en de engelen van God opstijgen en neerdalen op de Zoon des mensen.*"

Jezus activeerde Nathanaël als ziener. Jezus merkte op dat Nathanaël zou bewegen en functioneren in een zalving om in een grotere dimensie te kunnen zien. De hemel zal zich voor hem openen, en hij zal grotere dingen zien, waaronder engelachtige activiteiten. Deze zalving zou ervoor zorgen dat zijn geestelijk zicht zo verhoogd zou worden dat het bovennatuurlijke een alledaagse ervaring voor hem zou zijn. God verlangt ook dat jij in het geestelijke rijk kunt zien.

Het is een groot onrecht tegenover de profetische bediening wanneer we het gedegradeerd zien tot het indruk maken op mensen door bijvoorbeeld hun bankrekeningnummers en huizen te zien. Zien in de geest stelt ons in staat om grotere dingen te zien. Johannes heeft zo'n ervaring in Openbaring 4.

> '*Na deze dingen zag ik, en zie, er was een deur geopend in de hemel; en de eerste stem, die ik gehoord had, alsof een bazuin met mij sprak, zeide: Klim hierheen op en ik zal u tonen, wat na dezen geschieden moet. Terstond kwam ik in vervoering des geestes en zie, er stond een troon in de hemel en iemand was op die troon gezeten. ...*'

Openbaring 4:1-2

Het is belangrijk op te merken dat Johannes zei dat hij in de geest was. Om in de geest te kunnen zien, moeten we in de geest zijn. Paulus herinnert ons in Romeinen 8:14 eraan: "*Want allen, die door de Geest Gods geleid worden, zijn zonen Gods.*" Ik ben ervan overtuigd dat God wil dat degenen die Hij opricht om als Zijn orakel te spreken, in de Geest zijn, zodat ze Zijn hart en gedachten duidelijk kunnen verwoorden. Dit kan niet vanuit het vlees worden gedaan. Wanneer we in het vlees opereren, handelen we in het natuurlijke en staat het niet toe dat er openbaring plaatsvindt. Jezus zei tegen Petrus in Matteüs 16:17: "*Vlees en bloed hebben je dat niet geopenbaard.*" Het opereren in de geest is bewegen in het rijk dat ongewoon is. Het is het rijk waarin jouw profeteren niet zal zijn door persoonlijke kracht of macht, maar door de Geest. Het is het rijk waarin je profeteren niet zal zijn door je verbeelding of de persoonlijke details die je kent over het leven van een persoon. Paulus vertelt ons in 1 Korintiërs 14:25 dat wanneer de profetie in werking is en ongelovigen de dienst binnengaan, de geheimen van harten bekend zullen worden, en ze zullen neervallen en aanbidden en verkondigen dat God waarachtig is.

Ik geloof dat we alleen het grotere kunnen zien als we opstijgen naar de plaats waar downloads en openbaringen worden gegeven. Jezus vertelde Nathanaël dat de hemel zich voor hem zou openen. Wanneer je begeert om te profeteren, zal de hemel zich voor jou openen. Je zult plaatsen betreden en engelachtige activiteiten zien. Toen Elisa bad, opende God de ogen van zijn dienaar, en hij kon zien dat zij die met hen waren, meer waren dan zij die tegen hen waren. Dit had hij niet met zijn natuurlijke ogen kunnen zien.

> Toen bad Elisa: " *Toen bad Elisa: Here, open toch zijn ogen, opdat hij zie. En de Here opende de ogen van de knecht en hij zag en zie, de berg was vol vurige paarden en wagens rondom Elisa.*"
>
> 2 Koningen 6:17.

Jezus zei tegen Nicodemus dat wat uit het vlees geboren is, vlees is, en wat uit de Geest geboren is, geest is (Johannes 3:6). We moeten in de Geest verblijven om in openbaring te bewegen en niet in informatie. Terwijl informatie hoofdkennis kan zijn, dat wil zeggen wat we weten als feit of waarheid, vereist openbaring geloof dat leidt tot overtuiging. Dit was het dilemma waarmee Nicodemus werd geconfronteerd toen hij met Jezus sprak. De informatie die hij kende en begreep beperkte zijn geloof, waardoor hij zich niet kon voorstellen dat een mens opnieuw geboren kon worden buiten de baarmoeder van zijn moeder.

God wil dat we uit het vertrouwde rijk komen waarin we alleen dingen zien in het natuurlijke en beginnen te leven in de derde dimensie waar we onderscheidingsvermogen, vooruitziendheid en inzicht zullen hebben. In het vertrouwde rijk kunnen we zien met de natuurlijke ogen. Maar wanneer we opstijgen naar de derde dimensie, laat God ons het onzichtbare rijk zien, net zoals Elisa deed in 2 Koningen 16.

Marcus tekent het verslag op van Jezus die een man die blind was genas door in zijn ogen te spuwen. In eerste instantie zei hij dat hij alleen mensen als bomen kon zien, maar nadat Jezus opnieuw zijn handen op zijn ogen had gelegd, zei hij: "Ik kan nu duidelijk zien."

> *En hij zag op en zeide: Ik zie de mensen, want ik zie hen als bomen wandelen. Vervolgens legde Hij weder de handen op zijn ogen, en hij zag duidelijk en was hersteld. En hij zag voortaan alles scherp.*
>
> Markus 8:24-25

Mensen als bomen zien is niet normaal. Jezus ontwikkelde hier zijn zicht in het rijk van de geest. Hij verplaatste hem van de ene dimensie naar de andere. In de meeste gevallen waren de wonderen van Jezus onmiddellijk, maar hier werd het zicht van deze man in fasen hersteld. Dit was een natuurlijke vooruitgang in het herstel van het gezichtsvermogen van de man. Op dezelfde manier groeien we in fasen in het profetische en ontwikkelen we ons spirituele zicht en onderscheidingsvermogen. Jezus genas deze blinde man in fasen. Het proces was nog niet voltooid en daarom had hij een tweede aanraking nodig, waardoor wat vaag was, nu scherp in focus kwam.

Nu kon hij mannen onderscheiden van bomen. Hij die blind was, zag nu duidelijk. Het maakt niet uit in welk stadium je bent van het zien in de geest. Als je God zoekt voor een frisse aanraking en meer helderheid, zal Hij je ogen openen om meer te zien in het rijk van de geest.

Ik bid dat terwijl je de geest ingaat, de poort van de hemel over je ontgrendeld zal worden, en je openbaring en inzicht zult hebben en dat God je dingen zal beginnen te laten zien met betrekking tot je opdracht en doel. Moge Hij je details tonen over zijn plannen voor jouw leven. Moge Hij nachtmerries wegnemen en je dromen, visioenen en ontmoetingen geven terwijl je de geest ingaat. In de woorden van een van mijn apostolische vaders, Apostel Patrick Miggins, moge God in je ogen spuwen!

HOOFDSTUK ZES

Voelen in de Geest

Maar de vaste spijs is voor de volwassenen, die door het gebruik hun zinnen geoefend hebben in het onderscheiden van goed en kwaad.

Hebreeen 5:14

De God die we dienen is er een van diversiteit en creativiteit en daarom is er geen exclusieve manier waarop Hij tot ons spreekt. Hoewel de dominante manieren waarop God tot ons spreekt via onze geestelijke zintuigen van horen en zien kunnen zijn, spreekt Hij ook door onze andere zintuigen van proeven, aanraken en ruiken. Terwijl we vorderen in het profetische, moeten we leren hoe we deze dimensies kunnen benaderen om effectief te functioneren in onze bediening. In Hebreeën 5:14 worden we eraan herinnerd dat we door gebruik van deze zintuigen scherper worden. Een van de manifestaties van de Heilige Geest is het onderscheiden van geesten. Daarom kunnen we door onze geestelijke zintuigen onderscheiden. Tijdens mijn studie in counseling zei mijn docent tegen ons: "Het kenmerk van counseling is luisteren met ons lichaam, omdat een persoon vaak niet veel zal zeggen als je met hen in gesprek gaat." Op dezelfde manier helpt het aanspreken van onze profetische zintuigen ons om met ons lichaam te luisteren naar wat de Heilige Geest op ons duidelijk probeert te maken.

De basis van de profetische bediening is openbaring. God kan dingen aan ons openbaren door ons indrukken, duwtjes en gevoelens in ons lichaam te geven, waar we innerlijk weten of iets aanvoelen over iemand of iets. We kunnen letterlijk dingen oppikken, zoals sensaties of indrukken op bepaalde delen van ons lichaam waar God ons bewust van wil maken, bijvoorbeeld iemands pijn. We kunnen indrukken hebben in onze emoties waar we ons geleid voelen om personen in een specifieke richting te bedienen. God kan ons ook ingevingen, verlichtingen en waarnemingen van dingen in de geest geven. Dit werd geïllustreerd in Handelingen 14, waar Paulus tijdens het preken in Lystra een verlamde man genas.

> *"En er woonde te Lystra een man, die geen macht had over zijn voeten, verlamd van de schoot zijner moeder aan, die nooit had kunnen lopen. Deze man luisterde naar Paulus, wanneer hij sprak, en Paulus keek hem scherp aan en zag, dat hij geloof had om genezing te vinden, en hij zeide met luider stem: Ga recht op uw voeten staan! En hij sprong overeind en liep heen en weer."*
>
> Handelingen 14:8-10

We zagen ook in Handelingen 16 waar de jonge vrouw die onder de geest van waarzeggerij was, Paulus en Silas volgde. Paulus werd bedroefd in zijn geest door haar uitspraken en dreef die geest uit haar.

Ook al waren haar uitspraken waar, Paulus voelde de aanwezigheid van een kwaadaardige demonische geest in haar.

> *"En het geschiedde, toen wij naar de gebedsplaats gingen, dat een zekere slavin, die een waarzeggende geest had, ons tegenkwam, welke aan haar eigenaars met waarzeggen veel voordeel aanbracht. Deze liep Paulus en ons achterna, luid roepende: Deze mensen zijn dienstknechten van de allerhoogste God, die u de weg tot behoudenis boodschappen. En dit deed zij vele dagen lang. Maar toen dit Paulus verdroot, wendde hij zich tot de geest en zeide: Ik gelast u in de naam van Jezus Christus van haar uit te gaan. En hij ging uit op datzelfde uur."*
>
> Handelingen 16:16-18.

We zien ook de ontmoeting van Petrus met Simon de tovenaar in Handelingen 8:23, waar hij zei: *"want ik zie, dat gij gekomen zijt tot een gal van bitterheid en een warnet van ongerechtigheid. "*

Soms kunnen we een plaats of omgeving binnenlopen en de geesten voelen die actief zijn. Tijdens gebedswandelingen in de buurt voel ik de overheersende geesten in bepaalde huizen. Bij het bezoeken van kerken kun je aanvoelen of de Heilige Geest wel of niet aan het werk is. Je kunt ook spanning in de atmosfeer opmerken. Terwijl je aan het bedienen bent bij bepaalde individuen, kun je onreine geesten voelen en ruiken.

We zien in 2 Koningen 4:40 dat de mannen de dood in de pot proefden, terwijl in Openbaring 10:10 nadat de engel Johannes het boek had gegeven dat hij at en het smaakte als zoete honing, maar kort nadat hij het had gegeten, was het bitter in zijn buik. Dingen die we consumeren en die onze maag bitter maken, worden uitgespuugd. Daarom zei de engel tegen Johannes om te profeteren naar de naties. Het woord van God is zoet, en zo was zijn profetische aandrang om vrij te geven of uit te spuwen en bekend te maken wat God in hem had gelegd voor de naties.

> *"En ik ging heen tot de engel en zeide tot hem, dat hij mij het boekje zou geven. En hij zeide tot mij: Neem het en eet het op, en het zal uw buik bitter maken, maar in uw mond zal het zoet zijn als honing. En ik nam het boekje uit de hand van de engel en at het op, en het was in mijn mond zoet als honing, maar toen ik het gegeten had, werd mijn buik bitter."*
>
> Openbaringen 10:9-11

Als we begeren te profeteren, stelt het ons in staat om door rijken van mogelijkheden in de geest te navigeren waarin God communiceert met zijn volk.

HOOFDSTUK ZEVEN

Profetisch spreken

"...Nabij u is het woord, in uw mond en in uw hart, namelijk het woord des geloofs, dat wij prediken...."

Romeinen 10:8

En van de manieren waarop we de bovennatuurlijke dimensie van het profetische bediening activeren en demonstreren, is door de kracht van onze stem. De woorden die we spreken zijn geen abstracte of gewone woorden, maar het door de Geest ingeblazen woord dat gezalfd is en met krachtige scheppende kracht wordt vrijgegeven om manifestatie te trekken uit de rijken van de geest. God sprak, en de wereld ontstond. In Genesis 1:3 zei Hij: *'Laat er zijn'*, en het was er. Psalm 29:4 zegt: *'De stem van de Heer is krachtig',* en Spreuken 18:21 vertelt ons: *'Dood en leven zijn in de macht van de tong.'*

Elke wedergeboren gelovige die vervuld is met de Heilige Geest spreekt al in de dimensie van het bovennatuurlijke wanneer we stromen in de taal van de Geest. Profeteren is eenvoudigweg het activeren van die dimensie om zich te manifesteren door onze spraak. Paulus verklaarde in Romeinen 4:17 wat onze algemene houding zou moeten zijn: *'roep dingen die niet zijn alsof ze zijn.'* Jezus zei in Marcus 11:23: *'wie tegen deze berg zou zeggen...'* We worden niet verwacht gewoon te staan en naar de berg te kijken, maar onze mond te openen en er tegen te spreken. Er zit grote kracht in spreken."

Wanneer we verlangen om te profeteren, begeven we ons in het gebied van niet alleen profetisch spreken, maar ook bovennatuurlijk. Daarom verschuiven dingen en komen dingen in hun juiste plaats wanneer een profetisch woord wordt uitgesproken. Ezechiël hoofdstuk 37 verteld ons over de dialoog die God had met de profeet over de dorre beenderen. De scène was een begraafplaats, een plaats waar geen terugkeer mogelijk is van de doden. Waar geen vooruitzicht was op leven of hoop op een toekomst, gebood God de profeet om te profeteren tegen de dorre beenderen in Ezechiël 37:4 *" Toen zeide Hij tot mij: Profeteer over deze beenderen en zeg tot hen: gij dorre beenderen, hoort het woord des Heren."* Ezechiël sprak tot de dorre beenderen en liet ze weten dat hij van God had gehoord een woord van God had. Het is nog niet voorbij voor jullie dorre beenderen. God is jullie niet vergeten, dorre beenderen. Ik weet dat er in het natuurlijke geen teken is dat er ooit weer leven kan komen, maar dorre beenderen, hoor het woord van de Heer dat ik over jullie dorre beenderen verklaar - jullie zullen leven!

Het is belangrijk op te merken dat Ezechiël niet zei "hoor mijn woorden," maar het woord van de Heer. Wanneer we profeteren, geven we het woord van de Heer vrij en niet de mening van de mens. Gods woord is niet alleen goddelijk geïnspireerd en gezalfd, maar heeft ook autoriteit wanneer het wordt uitgesproken. Jesaja 55:11 vertelt ons dat Zijn woord niet vruchteloos naar Hem zal terugkeren, maar zal volbrengen wat Hem behaagt. Zo sprak Ezechiël het woord van God en reageerden de dorre beenderen. Situaties, dingen en elementen kunnen reageren wanneer we ze instructies geven door profetisch te spreken, en dat wat onmogelijk leek, wordt mogelijk. Jozua beval de zon en de maan in Jozua 10:12 om stil te staan, en ze gehoorzaamden.

> *"Hem nu, die blijkens de kracht, welke in ons werkt, bij machte is oneindig veel meer te doen dan wij bidden of beseffen."*
> Efeziërs 3:20

Verder zijn we niet beperkt om profetisch te spreken tot individuen. We kunnen ook profetisch spreken over naties en overheden. We kunnen spreken over de kerk en over families. We kunnen spreken over ons huwelijk en over onze zwangerschappen. We kunnen spreken over de economie en over bedrijven, enzovoort. Het woord brengt openbaring en inzicht en vervangt duisternis en onwetendheid. Het brengt orde waar chaos en verwarring heersen. Het bouwt op wat is afgebroken en breekt af wat niet in Gods plan is. Het bevestigt roepingen en zalving. Het versterkt en bereidt ons voor op de terugkeer van Christus. Het profetische woord is een zaad dat leven en nieuwe dingen voortbrengt. Het profetische woord komt van het Hebreeuwse woord "dabar," wat betekent dat het de potentie heeft om ons vooruit te duwen en ons versneld in onze bestemming te brngen. Het profetische woord komt letterlijk achter ons en duwt ons vooruit omdat het de steun van de hemel heeft. Daarom, wanneer een profetisch woord over ons leven wordt uitgesproken, worden we in een nieuw seizoen en cyclus geschoten.

HOOFDSTUK ACHT

Vijanden van het profetische

Veracht de profetieën niet maar toetst alles en behoudt het goede.
1 Thessalonicenzen 5:20-21

W
ederom, terwijl profetie een van de meest controversiële en misvatte bedieningen is, is het ook een van de belangrijkste bedieningen die aan de kerk door God is gegeven. De profetische bediening legt de werken van de vijand bloot, en dit maakt het een doelwit voor aanvallen en aanranding. Alles wat mensen bewust maakt van Gods blauwdruk voor hun leven, zal worden onderworpen aan aanvallen van de tegenstander.

Toen de profetie kwam dat Jezus als koning der Joden geboren zou worden, maakte het Herodes woedend, wat leidde tot de poging om de mannelijke baby's te doden. Toen de Israëlieten in aantal toenamen vanwege het profetische woord dat God over Abraham had uitgesproken, namelijk dat zijn nakomelingen talrijk zouden zijn, beval de koning van Egypte de vroedvrouwen om de mannelijke baby's te doden. Herodes liet Johannes de Doper gevangenzetten en onthoofden vanwege zijn veroordeling van Herodes' huwelijk met zijn vrouw, die eerder getrouwd was geweest met zijn broer.

> *"Want Herodes had Johannes laten grijpen, geboeid en gevangengezet, ter wille van Herodias, de vrouw van zijn broeder Filippus; want Johannes zeide tot hem: Gij moogt haar niet hebben."*
>
> Mattheus 14:3-4

Jezus gaf zijn discipelen een profetisch woord dat ze naar de overkant zouden gaan in Marcus 4:35, en kort daarna ontstond er een zware en angstaanjagende storm.

> *"En Hij zeide tot hen op die dag, toen het laat geworden was: Laten wij oversteken naar de overkant. 3En zij lieten de schare achter en namen Hem, zoals Hij was, in het schip mede, en er waren andere schepen bij Hem. En er stak een zware stormwind op en de golven sloegen in het schip, zodat het schip reeds vol liep."*
>
> Marcus 4:35-37

De krachten en geesten die tegen het profetische zijn, kunnen meedogenloos, gewelddadig en wreed zijn. Ze hebben allemaal één opdracht: het vrijlaten van een moord geest om te doden wat God heeft voortgebracht of wil laten leven.

De vijand heeft geen idee van Gods bedoeling en plannen voor jouw leven totdat er een profetisch woord over je wordt uitgesproken. Wanneer hij op de hoogte is, initieert hij openlijke oorlogvoering om je te blokkeren, stoppen en hinderen om tot manifestatie te komen. Daarom moedigt Paulus ons aan om een goede strijd te strijden over de profetieën aangaande jouw leven.

> *"Deze opdracht vertrouw ik u toe, mijn kind Timoteüs, overeenkomstig de profetieën, die vroeger aangaande u zijn uitgesproken, opdat gij, u daarnaar richtend, de goede strijd strijdt."*
>
> 1 Timoteus 1:18

In dit hoofdstuk zal ik vier geesten bespreken die ik ben tegengekomen tijdens mijn profetische reis.

1. Izebel

Izebel is een spirituele moordenaarsgeest die de vijand loslaat tegen de profeten. Deze geest gedijt waar leiderschap zwak is en gebruikt verleiding, afwijzing en intimidatie als wapens. Deze geest probeert het profetische ambt over te nemen door een parallelle valse profetie te hebben. Het was deze geest die een doodsbevel uitsprak over het leven van Elia en depressie veroorzaakte. Het was ook deze geest die een bloedbad aanrichtte in het profetische en profeten in de grot liet schuilen.

> *"Toen Achab aan Izebel verhaalde alles wat Elia gedaan had, en hoe hij al de profeten met het zwaard gedood had, zond Izebel een bode tot Elia om te zeggen: Zo mogen de goden doen, ja nog erger, indien ik morgen om deze tijd uw ziel niet gelijk zal maken aan de ziel van een hunner. Toen hij dat had vernomen,*

maakte hij zich gereed en ging weg om zijn leven te redden; en
gekomen tot Berseba, dat tot Juda behoort, liet hij zijn knecht
daar achter. Zelf echter trok hij een dagreis ver de woestijn in,
ging zitten onder een bremstruik en begeerde te mogen sterven,
en zeide: Het is genoeg! Neem nu Here, mijn leven, want ik ben
niet beter dan mijn vaderen."

1Koningen 19: 1-4

Velen hebben de gave en zalving van het profetische, maar verbergen zich in grotten vanwege de pogingen van Izebel op hun leven. De geest van Izebel daagt de loyaliteit en toewijding van de profeten uit. Het is belangrijk op te merken dat deze geest door elk geslacht kan werken.

2. Religie

Religie is een andere anti-profetische geest die krachtige, gangsterachtige, maffia structuren gebruikt om mensen in slavernij te houden door middel van wettische en traditionele middelen. Het belangrijkste doel is om het profetische te doden. Deze geest kan gemakkelijk over het hoofd worden gezien omdat we geneigd zijn te geloven dat alles met een spirituele ondertoon van God is. Omdat deze geest sterk wettisch is, laat hij geen ruimte of voorziening voor het profetische. De religieuze geest opereert alsof het Gods enige instrument is met de autoriteit om Zijn boodschap te laten horen en over te brengen. Iedereen die durft de autoriteit in twijfel te trekken, wordt zonder aarzeling onderdrukt. De religieuze geest werkt samen met de geest van trots en kan zeer koppig en weerbarstig zijn.

De religieuze geest haat openbaring en sluit de zaken van de geest af. In 2 Korinthiërs 3:6 zei Paulus: *"De letter doodt, maar de Geest geeft leven".* De religieuze geest ontzegt ons toegang tot de zaken van de geest. Wanneer we beperkt zijn in openbaring, brengt het stagnatie en uiteindelijk de dood. Het profetische brengt kennis, openbaring en herstel. Het bouwt op, spoort aan en troost de gelovigen. De religieuze geest oordeelt en veroordeelt. Negatieve woorden zijn een van de voornaamste instrumenten die door deze geest worden gebruikt. Wanneer deze geest in werking is, is er geen ruimte voor opbouw of herstel.

Deze geest maakt de zalving ongedaan en dooft de Heilige Geest uit. Het compromitteert en verdraait de waarheid tot dwaling. Paulus vermaande hen omdat ze een vorm van godsvrucht hadden maar de kracht ervan ontkenden.

3. **Angst**

Angst vertegenwoordigt een bolwerk dat het profetische doodt en gelovigen belemmert om in hun roeping te stappen. Om in het profetische te stromen, is geloof nodig. We profeteren volgens de mate van ons geloof.

> *"Wij hebben nu gaven, onderscheiden naar de genade, die ons gegeven is: profetie, naar gelang van ons geloof;"*
> Romeinen 12:6-7

Angst verlamt ons omdat het werkt met de geest van twijfel en ongeloof en ons kan doen twijfelen aan de roeping van God op ons leven en onze eigen bekwaamheid om naar voren te treden als Zijn orakel. We kunnen angst hebben voor kritiek, tegenstand, afwijzing en vervolging. Angst berooft ons ook van de vreugde, passie en ijver die nodig zijn om te bewegen in onze gave en zalving.

Een veelvoorkomende angst die vaak wordt geassocieerd met het profetische is het bestempeld worden als een valse profeet na het doen van een onjuiste profetie. Deze angst weerhoudt veel mensen ervan om hun gave en roeping aan te boren. Het profetische groeit en ontwikkelt zich in een atmosfeer van geloof. Mijn geestelijke mentor in het profetische, Apostel Eulalee King-Bals, moedigde ons altijd aan als profetische studenten om te verklaren - "Ik kan profeteren!" Dit heeft me geholpen mijn angst te overwinnen en de profetische zalving in mij vrij te zetten. Als we de geest van angst overwinnen, opereren we in de moed en het vertrouwen die nodig zijn om te profeteren.

God herinnert ons in Jesaja 41:10, *"Vrees niet, want Ik ben met u; zie niet angstig rond, want Ik ben uw God. Ik sterk u, ook help Ik u, ook ondersteun Ik u met mijn heilrijke rechterhand."* Paulus herinnert ons ook eraan: *"Want God heeft ons niet gegeven een geest van vrees, maar van kracht en liefde en bezonnenheid."* 2 Timotheüs 1:7

4. Hekserij

Hekserij is een vijand van het profetische omdat het een belediging en een namaak is van de ware profetische bediening. Deze geest opereert in het rijk van de ziel, is zeer demonisch, manipulatief, controlerend en gebruikt waarzeggerij en toverij om bestemming te vernietigen. Velen kunnen onbewust in deze geest opereren, charismatische gebeden en profetieën uitspreken die niets anders zijn dan vloeken en oordelen. In Exodus 7:11-12 staat: *"Toen riep ook de farao de wijzen en de tovenaars; ook de Egyptische magiërs deden op dezelfde wijze hun toverij. Want zij wierpen ieder zijn staf neer en zij werden slangen. Maar de staf van Aäron verslond hun staven."* Toen Aärons staf in een slang veranderde, riep de farao zijn tovenaars, en met hun toverij veranderden ook hun staven in slangen. Deze geest dringt subtiel door in het profetische, waar we veel commercialisering en tot koopwaar maken van de zalving zien. Zoals eerder vermeld, in 1 Samuel 28: 8, toen Saul niet meer van God kon horen, raadpleegde hij een heks. God haat deze geest. *"Toen vermomde Saul zich, hij trok andere klederen aan en ging met twee mannen op weg. Toen zij in de nacht bij die vrouw gekomen waren, zeide hij: Wil mij waarzeggen met behulp van de geest van een dode, en laat mij opkomen die ik u noemen zal."*

"Een tovenares zult gij niet in leven laten.."

Exodus 22:18

" Voorwaar, weerspannigheid is zonde der toverij en ongezeggelijkheid is afgoderij en dienen van terafim. Omdat gij het woord des Heren verworpen hebt, heeft Hij u verworpen, zodat gij geen koning meer zult zijn."

1 Samuel 15:23

Hij verklaarde dat hekserij gelijkstaat aan rebellie. In plaats van de ware God te zoeken voor openbaring, veronderstelt deze geest van God te horen, maar krijgt eigenlijk zijn informatie uit het demonische rijk.

De oproep tot het profetische is een bediening van oorlogvoering, en dus moeten we ons bewust zijn van deze vijanden van het profetische. Het is dan ook zaak voor degenen in de profetische bediening om een geheiligd leven te leiden dat wordt gekenmerkt door krachtig gebed. We hebben de macht en autoriteit gekregen om deze vijanden te overwinnen, en ze moeten worden blootgelegd en geconfronteerd.

HOOFDSTUK NEGEN

Richtlijnen voor het profeteren

"Laat alles betamelijk en in goede orde geschieden."

1 Korintiers 14:40

God wil geëerd en verheerlijkt worden in alles wat we doen. Hier zijn enkele richtlijnen die in overweging moeten worden genomen bij het profeteren:

1. Sta open voor de manieren waarop God tot je kan spreken. Zet Hem niet in een hokje door te verwachten dat Hij altijd op dezelfde manier spreekt. Je kunt de zachte stem van het lam horen of het gebrul van de leeuw.

2. Wees bereid om op geloof te handelen. Soms kan het zo simpel zijn als zeggen: "En de Heer zegt tot u", en dan zal Hij je mond vullen met de rest.

3. Profeteer in liefde. Dit moet de reden zijn waarom we willen profeteren. God houdt van jou en vertrouwt je Zijn woord

toe. Hij houdt ook van de persoon tot wie je spreekt. Houd dit altijd in gedachten.

4. Blijf biddend en vervuld met de Geest. Zonder de Heilige Geest zijn onze profetieën slechts woorden.

5. Alle profetie moet in lijn zijn met en beoordeeld worden aan de hand van het geschreven woord van God. Hij kan Zichzelf niet tegenspreken.

6. Vertrouw op God voor wijsheid om een negatieve boodschap om te zetten in iets positiefs. Laat je profetie hoop en aanmoediging brengen.

7. Profeteer niet buiten je mate van geloof. Blijf binnen je bereik. Of je nu opereert in de geest van profetie, de gave van profetie of het ambt van profeet - profeteer overeenkomstig de mate van je geloof.

8. Het feit dat je een woord hebt, betekent niet dat je het moet uitspreken. Timing is cruciaal. Soms wil God dat we voor iemand bidden en pleiten in plaats van te delen met hen of anderen wat Hij ons heeft laten zien.

9. De geest van de profeet is onderworpen aan de profeet (1 Korintiërs 14:32). Je kunt de stroom zelf onder controle hebben.

10. Verkondig alleen wat God je laat zien.

11. Gebruik profetie niet om te vleien.

12. Gebruik wijsheid bij het publiekelijk profeteren over gevoelige kwesties.

13. Wees niet haastig om zaken bloot te leggen en oordeel te profeteren. Het verlangen om te profeteren moet zijn om op te bouwen, te vermanen en te troosten. 1 Korintiërs 14:3 zegt: *"Maar wie profeteert, spreekt tot mensen ter opbouw, vermaning en troost."*

14. Wees nederig.

15. Probeer anderen niet te beconcurreren, vooral bij het profeteren binnen een presbyteriaanse setting of in een team.

16. Onderwerp je aan leiderschap.

17. Profeteer niet voor geld.

18. Wees op je hoede voor de geesten van trots en arrogantie.

19. veronachtzaam geen training en mentorschap. Velen hebben een oprecht gave, maar missen de training en begeleiding.

20. Niet alle profetie hoeft voorspellend te zijn. God kan tot ons spreken over ons verleden, heden en toekomst.

21. Zorg ervoor dat het profetische woord wordt opgenomen, zodat het opnieuw kan worden beluisterd en als referentie kan dienen.

22. Wees jezelf, want God heeft jou gekozen om het woord te brengen. Hij zal jouw unieke stem en manier van uitdrukken gebruiken om over te brengen wat Hij zegt. We kunnen anderen navolgen zonder een kopie te zijn en onze eigen persoonlijkheid en uniekheid te verliezen.

EEN GEBED OM HET PROFETISCHE IN JOU TE ACTIVEREN

"Veronachtzaam de gave in u niet, die u krachtens een profetenwoord geschonken is onder handoplegging van de gezamenlijke oudsten."

1 Timoteus 4:14

Vader, in de naam van Jezus, dank ik U voor Uw plannen voor mijn leven en bediening. Ik dank U dat U op dit moment de rivier van het profetische in mij roert en ontwekt, en dat U mij in staat stelt om te horen, voelen en zien in de Geest. Ik dank U dat U mij helder onderscheid geeft om met duidelijkheid en nauwkeurigheid te spreken. Ik dank U dat U mij frisse openbaring, inzicht en begrip geeft in de mysteries van het koninkrijk. Ik neem autoriteit over de geesten van angst, twijfel, ongeloof, intimidatie, compromis en datgene wat mij probeert te beperken, op te sluiten en te beperken. Ik bind en bestraf deze geesten zodat ze niet in mijn leven kunnen opereren, en ik spreek vrijheid en vrijmoedigheid uit om te profeteren. Vader, ik geloof dat volgens Uw woord Uw Geest wordt uitgestort over alle vlees en dat U mij zal zalven en activeren als een stem voor mijn generatie. Laat Uw goddelijke zinnen van mijn lippen stromen, zodat ik vol vertrouwen kan verklaren - zo spreekt de Heer! Vader, ik dank U voor het geven van nieuw vertrouwen, en ik bid dat de hemel zich zal openen en Uw glorie zal stromen. Laat tekenen, wonderen en demonstraties van Uw kracht zich manifesteren. Ik bid dat U verborgen en geheime dingen voor mij zult onthullen. Ik bid dat U deuren van gunst en mogelijkheden voor mij zult openen om Uw waarheid bekend te maken, en ik dank U dat U dit doet in de naam van Jezus. Amen!

PROFETISCHE UITSPRAKEN EN VERKLARINGEN

Wanneer gij tot iets besluit, dan komt het tot stand, en op uw wegen straalt het licht.

Job 22:28

Ik spreek uit en verklaar dat de Geest van de Heer op mij rust en dat Hij mij gezalfd heeft om het goede nieuws van het koninkrijk te verkondigen.

Ik spreek uit dat er een nieuwe dag aanbreekt in mijn leven en bediening, en dat ik gezalfd ben met verse olie en ongewone gunst.

Ik spreek uit dat mijn bediening van start gaat. Met succes zweef ik in mijn profetische bestemming.

Ik spreek uit dat naties naar mijn licht komen en koningen naar de glans van mijn opkomst.

Ik spreek uit dat nieuwe deuren van gunst en kansen voor mij opengaan om mijn gaven uit te oefenen.

Ik spreek uit en verklaar dat ik sterk ben in de Heer en in de sterkte van Zijn macht.

Ik spreek uit en verklaar dat ik zal spreken met de wijsheid van de hemel en dat de woorden van mijn mond met genade zijn gekruid.

Ik spreek uit en verklaar dat mijn hart onderwezen is in de dingen van de Geest, en ik beweeg in de juiste timing van de Heer, wetende wat te doen, wanneer het te doen, en hoe het te doen.

Ik spreek uit en verklaar dat ik wandel door geloof en niet door aanschouwen, en dat ik het onzichtbare zie en het onhoorbare hoor.

Ik spreek uit en verklaar dat de zalving op mijn leven relevant is en dat mijn bediening wordt erkend, geëerd en gevierd.

Ik spreek uit en verklaar dat God mijn leven en bediening naar een ander niveau brengt.

Ik spreek uit en verklaar dat de Heer de werken van mijn hand en bediening bevestigt, en dat ik gezegend ben om een zegen te zijn.

Ik spreek uit en verklaar dat ik onderwezen ben door de Heer en de stem van een vreemdeling volg ik niet.

Ik spreek uit en verklaar dat God in mij de volledige maat van Zijn Geest en bediening baart, en dat ik onbetwistbaar grote daden verricht.

Ik verklaar dat ik het hoofd ben en niet de staart, en God maakt mij Zijn eeuwige trots en de vreugde van vele generaties.

Ik spreek uit en verklaar dat mijn mond Zijn gerechtigheid en redding de hele dag zal verkondigen.

Ik spreek uit en verklaar dat ik niet zal sterven, maar zal leven om Zijn machtige daden aan mijn generatie te verkondigen.

Ik spreek uit en verklaar dat de genade van God zwaar op mijn leven rust, en Zijn hand machtig over mij is.

Ik spreek uit en verklaar dat de mond van de Heer dit heeft gesproken, en Zijn hand zal het uitvoeren.

EEN PROFETISCH WOORD VOOR U

"De leeuw heeft gebruld, – wie zou niet vrezen? De Here Here heeft gesproken, – wie zou niet profeteren?"

Amos 3:8

De Heer spreekt tot jou en zegt dat Mijn roeping op jouw leven vaststaat en dit zijn de dagen waarin Ik je bewust maak van en inzicht geef in de zaken van het Koninkrijk. En terwijl je opstijgt naar Mijn berg en wandelt in een diepere intimiteit met Mij, zul je beginnen te zien en te horen in het rijk van de geest zoals nooit tevoren. En Ik zal je ogen openen en je oren doen horen en je tong ontgrendelen. Ja, Ik zal je geestelijke zintuigen doen ontwaken en dat wat in jou sluimerde, zal Ik onthullen en ik zal mijn hart en verborgenheden voor je ontsluieren. Ik zal je capaciteit voor openbaring vergroten en je overspoelen met dromen en visioenen. Je zult indrukken en ingevingen van de Geest hebben, en Ik zal Mijn gaven en zalving in jou uitbreiden, en Ik zal van jou tot een nieuwe wijnzak profeet maken, die zich niet zal laten beperken door traditie of geleid wordt door de mening en ideologieën van mensen. Want ja, Ik heb je geroepen, en net als Jeremia heb Ik Mijn woorden in jouw mond gelegd. Zeg niet dat je niet kunt profeteren en zeg niet dat je niet kunt spreken. Want in dit seizoen zal Ik je in kracht en met durf doen opstaan om datgene vrij te geven wat Ik roer in het diepst van je geest.

Je zult beginnen te profeteren en spreken als mijn spreekbuis. Waarlijk, uit jou zal een stem van wijsheid en een stem van waarheid voortkomen; een stem die raad en richting zal brengen aan mijn kerk en aan velen. Ik zal je begiftigen en bekrachtigen met Mijn zalving voor het bovennatuurlijke, en velen zullen gezegend worden, en velen zullen gevoed worden met Mijn woord. Het zal hun zielen verfrissen en voeden. Ik zal mijn plannen en intenties voor hun leven bekendmaken - en wat Ik van plan ben te doen. Ik zal zelfs jukken en banden breken van velen. Heb Ik niet gezegd dat mijn woord is als een hamer die breekt, en Ik zal hemelse poorten openen terwijl je profeteert? Er zullen bezoeken van engelen zijn, en Ik zal een vrijlating van regen en een vrijlating van glorie veroorzaken, en Mijn vuur zal vallen. Mijn winden zullen waaien en velen zullen zeker weten dat Ik, de God, Yahweh, spreek en velen zullen mijn aanwezigheid en kracht ervaren.

Mijn koninkrijk zal worden bevorderd en er zal genezing en bevrijding en doorbraak en uitstortingen van Mijn Geest zijn. Ik zal de agenda's van duisternis omverwerpen en samenzweringen van de hel zullen worden blootgelegd en velen zullen in vrijheid komen. Dus terwijl je begeert om te Profeteren en omarmt wat Ik op jouw leven heb gelegd, zal Ik je een teken en een wonder maken, en velen zullen weten dat Ik voorzeker jou heb geroepen en voorzeker jou gebruik en jou omgeef met Mijn profetische mantel. Je zult bewegen met nieuwe autoriteit en nieuwe durf en nieuwe kracht; want ja, Ik heb je geroepen, en ja, Ik verhef je om te profeteren voor zo'n tijd als deze, zegt de Geest van de Heer.

PROFETISCHE ACTIVERINGEN

"Ik nu profeteerde zoals mij bevolen was, en zodra ik profeteerde,
ontstond er een geruis, en zie, een beweging, en de beenderen
voegden zich aaneen zoals zij bij elkander behoorden;"

Ezechiel 37:7

Schriftgedeelte

Het profetische woord wordt uitgebracht met behulp van de bewoordingen van de Schrift.

Bijvoorbeeld, Psalm 23. En de Heer spreekt tot u: omdat Ik uw herder ben, zult gij niets ontbreken, enz.

Zie een Afbeelding

Deze oefening activeert de zienerzalving. Vraag de Heer om je een afbeelding te laten zien en gebruik deze om een woord voor de persoon te ontwikkelen. Bijvoorbeeld, ik zie een boom, en de Heer zegt dat je zult zijn als een boom geplant aan waterstromen, enz.

Iets Horen

Deze oefening helpt je te profeteren voor iemand op basis van wat je hebt gehoord. Je kunt een geluid horen en dat gebruiken om in het profetische woord te duiken. Bijvoorbeeld, ik hoor het geluid van een brullende leeuw, en de Heer spreekt tot u: Ik zal een gebrul in uw stem leggen, enz.

Eén Woord

Soms kan God ons één woord geven, en we gebruiken dat woord om de profetische stroom te ontwikkelen. Bijvoorbeeld, als de Heer u het woord Herstel geeft - en de Heer zegt Ik herstel de jaren die de sprinkhaan, de kaalvreter en de rups hebben gegeten, enz.

Meeliften

Bij deze oefening wordt een meer ervaren persoon in staat gesteld om eerst te profeteren. Dan volgt een andere persoon hem op in het doorgeven van het woord aan de persoon, op basis van wat hem opviel terwijl de vorige persoon profeteerde.

Overgenomen uit Het Handboek van de Profeet door John Eckhardt

CONCLUSIE

"Samuël nu groeide op, en de Here was met hem en liet geen van zijn woorden ter aarde vallen."

1 Samuel 3:19

Dit boek kwam tot stand als een manifestatie van een profetisch woord dat over mijn leven werd gesproken. Ik had me nooit kunnen voorstellen dat ik zou profeteren, laat staan dat ik auteur zou worden. Dit is zeker een getuigenis van de trouw en grootheid van onze God en dat het profetische een van de gaven is die kunnen worden gewekt en opgewekt. Zoals Paulus tegen Timotheüs zei: *"Wakker de genadegave aan die in jou is"* (2 Timotheüs 1:6). Er is een zalving en een zeker woord in jou voor jouw generatie. Verwaarloos het niet, maar wakker het aan. Iedereen die uit God is geboren en vervuld is met de Heilige Geest heeft het vermogen om te profeteren. Ik heb gezien hoe het geactiveerd worden in het profetische mij heeft getransformeerd van een introvert persoon naar iemand die God naar naties heeft gebracht, anderen heeft opgeleid en geactiveerd in het profetische en Zijn woord heeft gesproken over geweldige mannen en vrouwen in het Koninkrijk.

De nadruk van dit boek is dat je het profetische DNA in je ontdekt, het activeert en ermee stroomt, zodat je een zegen kunt zijn voor het koninkrijk. Dit boek is geschreven met het oog op degenen die hebben gewankeld en geworsteld met de profetische roeping in hun leven en kan ook worden gebruikt als referentie voor beginners en degenen die ervaren zijn in het profetische.

We worden verteld dat in de tijd dat Samuel werd geboren, het woord van de Heer zeldzaam was (1 Samuel 3:1). Dat was een donkere tijd in de geschiedenis. Stel je voor dat niemand naar voren kwam met openbaring of een profetisch woord. Jezus zei: "De mens zal niet van brood alleen leven, maar van elk woord dat uit de mond van God voortkomt" (Mattheüs 4:4). God spreekt en er is een rhema-woord dat uit Zijn mond voortkomt. We leven in opwindende tijden waarin Hij Zijn Geest uitstort op alle vlees, zodat Zijn zonen en dochters kunnen profeteren. Het is mijn passie om velen te zien opstaan als profetische stemmen en boodschappers van het rhema-woord.

Mozes toch heeft gezegd: De Here God zal u een profeet doen opstaan uit uw broeders, gelijk mij: naar hem zult gij horen in alles wat hij tot u spreken zal.

Handelingen 3:22

OVER DE AUTEUR

Profeet Delon Aaron is een opkomende, vooruitstrevende profetische stem. Hij staat bekend om zijn scherpe nauwkeurigheid en diepgaand profetisch onderricht. Hij draagt een sterke profetische mantel voor naties en heeft profetisch bediend in heel Guyana, over het Caribisch gebied en Noord-Amerika. Profeet Delon is opgeleid en begeleid in het profetische door Apostel Eulalee King-Bals, die gevestigd is in Duitsland samen met haar man, Apostel Gerd Bals. Ze zijn de oprichters van het International House of Apostolic Reformation.

Profeet Delon is momenteel directeur van Christ Prophetic Academy (Guyana), een niet-kerkgebonden, mobiele profetische academie die mensen in Guyana van verschillende denominaties traint en activeert in het profetische. CPA (Guyana) is aangesloten bij Christ Prophetic Academy International onder leiding van Apostel James Duncan, oprichter en toezichthouder van Christ Church International in Brooklyn, New York. Profeet Delon is accountant en risicomanager van beroep en is ook houder van een Toastmasters Award van Toastmasters International. Profeet Delon woont in Guyana, Zuid-Amerika, met zijn mooie vrouw Ilene en twee zonen, Zachary en Zion.

Profeet. Counselor. Auteur.

Delon Aaron

Blijft verbonden
Website: www.delonaaronglobal.com
Email: info@delonaaronglobal.com

EINDNOTEN

1. Bible Tools "Woordenboek en woordzoeker voor zeloo (Strong's 2206) http://www.bibletools.com (geraadpleegd op 16 juni 2021)

2. Rodney Francis, It's Time to Prophesy, (geraadpleegd op 16 december 2019) http://www.gospel.org.nz

3. Bible Hub "Woordenboek en woordzoeker voor okidome (Strong's 3619) http://www.biblehub.com (geraadpleegd op 16 juni 2021)

4. Rick Joyner, The Prophetic Ministry (Morning Star Publications)

5. John Eckhardt, The Prophet's Manual (Charisma House)

6. Rick Joyner, The Prophetic Ministry (Morning Star Publications)

7. Charles Samuenege en Stephen Garner, Essentials of the Prophetic (Rivers Publishing Company)

8. Ibid

9. Ibid

10. Robert Henderson, How to your senses prophetically blog, (geraadpleegd op 18 juni 2021, http://www.destinyimage.com

11. Ryan Lestrange, Hell's Toxic Trio, (Charisma House)

12. Ibid

13. Rick Joyner, The Prophetic Ministry (Morning Star Publications)

14. Charles Samunege en Stephen Garner, Essentials of the Prophetic, (Rivers Publishing Company)

www.ingramcontent.com/pod-product-compliance
Lightning Source LLC
Chambersburg PA
CBHW051224120626

46547CB00013B/1501